しっかり基礎から学ぶ

サンスクリット

下巻

Basic Sanskrit Learning Vol.2

平岡昇修　著

Shoshu Hiraoka

山喜房佛書林

まえがき

サンスクリットに親しみを覚えられる参考書を作成してみようとする企画は、１９８３年に始めたものである。１９９０年には『サンスクリット　トレーニング』の第１巻が、次いで１９９１年に第２巻が、１９９５年には第３巻が完成した。１９９７年には第４巻として発音編のＣＤを製作した。２００６年には第４巻の改訂版として３枚のＣＤとともに安価な『新サンスクリット　トレーニングⅣ』を出版し、遂に２０１６年会話編・文字練習編を加えて山喜房佛書林より『耳から覚えるサンスクリット』を出版した。

２００４年に『サンスクリット　トレーニング』の最終巻として「トレーニング」と「応用トレーニング」の解答と語彙を集大成したサンスクリット解釈書『サンスクリット虎の巻』を出版したが、２００５年に『サンスクリット虎の巻』の後半部を独立した安価な辞典として『初心者のためのサンスクリット辞典』を出版し、改訂を加えて山喜房佛書林より２０１５年『改訂新版　初心者のためのサンスクリット辞典』を出版した。

２００８年『サンスクリット　トレーニング』全３巻をまとめたＣＤ付きの文法書『初心者のためのサンスクリット文法Ｉ』を出版した。２０１７年には改善・訂正し、山喜房佛書林より『新　初心者のための文法Ｉ』を出版した。２０１２年にはより良く文法書を活用するために文法の総索引を『サンスクリット文法Ⅱ』を出版した。

今回は『サンスクリット　トレーニングＩ』をより平易に分かりやすく、初心者でも短期間でサンスクリットを学んでいただけるように題名は『**しっかり基礎から学ぶサンスクリット**』とし、一冊の単価を安くするために上下２巻に分けて出版することにした。

表紙のデザインは、中録新社にお願いした。インド文字の書き順で私の弟の平岡隆氏にご協力を戴いた事に衷心から感謝の意を述べたい。

この度の出版に際して、御尽力を賜った山喜房佛書林の吉山利博氏に衷心から感謝の意を捧げたい。

誤植・誤記は努めて排除したつもりであるが、なお不十分なる箇所は、すべて筆者の不徳の致すところである故、お気づきの点があれば御叱正頂ければ幸いである。

２０１９年11月２６日

著　者

本書の使い方

基礎トレーニングでは単語を覚えるための練習をします。1日約2～3個の単語を覚えましょう。

ポイントにはその課に出てきた単語と重要事項が要約されていますので、トレーニングを行う時には参考にしてください。

トレーニングではサンスクリットから日本語に訳する練習をしましょう。その答えは応用トレーニングに書かれています。

応用トレーニングでは日本語からサンスクリットに訳する練習をしましょう。答えはトレーニングに書かれています。

課の最後には註解書が付いています。**註解**はサンスクリットを訳する時に参考となるように作られています。特に連声法を理解する上では参考になると思われます。

連声法を理解するために本の末尾に子音の外連声表と母音の外連声表を付けましたので連声を理解する上で活用してください。

また、サンスクリット文法をより深く理解したい人は『新　初心者のためのサンスクリット文法　1　』をご利用ください、この文法書の総索引として『初心者のためのサンスクリット文法　2　』も用意しておりますのでご活用ください。

本書は『サンスクリット　トレーニング　1』を改良して『サンスクリット虎の巻』と合体して問題数も少なくしてサンスクリットをしっかり基礎から学んでもらうために作成したものです。この上の段階を目指し勉強したい方は『　サンスクリット　トレーニング　2　』や『　サンスクリット　トレーニング　3　』にお進み下さい。辞典は『改訂新版　初心者のためのサンスクリット辞典』がありますのでご利用ください。サンスクリットの生きた発音と活用を覚えるには『耳から覚えるサンスクリット』をご利用ください。3枚のＣＤによって生きたサンスクリットを体感して頂けます。

略字の説明

A.	**ātmanepada** (middle voice) 反射態／為自動詞
Ab. or abl.	(ablative) 従格／奪格
Ac. or acc.	(accusative) 目的格
act.	(active) 能動態
adj. or a.	(adjective) ・形・ 形容詞
adv.	(adverb) ・副・ 副詞
D. or dat.	(dative) 与格
du.	(dual) 両数／双数
f.	(feminine) ・女・ 女性
G. or gen.	(genitive) 属格／所有格
I. or inst.	(instrumental) 具格
impf.	(imperfect) 直説法過去／不定過去
ind. or indecl.	(indeclinable) 不変化詞（副詞，接続詞，前置詞，間投詞）
ipv.	(imperative) 命令法
L. or loc.	(locative) 依格／処格／於格
m.	(masculine) 男性
N. or nom.	(nominative) 主格
n.	(neuter) 中性
num.	(numeral) ・数・ 数詞
opt.	(optative) 願望法
P.	**parasmaipada** (active voice) 能動態／為他動詞
pass.	(passive) 受動態、受動活用
pl.	(plural) 複数
pres.	(present) 現在
pres.act.	(present active) 直説法現在能動態 (P.)
pron.	(pronoun) ・代・ 代名詞
sg.	(singular) 単数
V. or voc.	(vocative) 呼格
---	語形の一部省略を示す。
cf.	(confer) ［比較せよ、参照せよ］
+	格支配、または結合を表わす。

目　次

まえがき

略字の説明

第 8 課　–ā, –ī で終わる女性名詞と反射態 130
反射態【ātmanepada】人称語尾変化、 sandhi 規則
第 9 課　直説法過去、 –i, –u で終わる女性名詞 148
√kṛ の現在・過去
第１０課　–(t)ṛ で終わる男性・女性名詞、命令法 164
–ḥ（visarga）の変化
第１１課　多音節語幹、 –ū で終わる女性名詞と願望法 178
願望法と命令法の用法、 √kṛ, √as の変化
第１２課　–i, u, ṛ で終わる中性名詞と形容詞 191

第１３課　人称代名詞と受動態 211
asmat, yuṣmat, tad, etad
第１４課　指示代名詞と受動態 225
idam, adas 、受動動詞の不規則形、態の変更、受動態の用法
力だめし 239
hitopadeśa
復習と補足 249
iva, kim, iti 、名詞文（ nominal sentences ）、語順、強調構文、副詞

付録　子音のサンディ規則表 275

付録　母音のサンディ規則表 276

第 8 課　　-ā ・ -ī で終わる女性名詞と反射態

1、 -ā で終わる女性名詞

2、 -ī で終わる女性名詞

	senā (f.) 軍隊			nadī (f.) 河		
	sg.	du.	pl.	sg.	du.	pl.
N.	senā	sene	senāḥ	nadī	nadyau	nadyaḥ
Ac.	senām	sene	senāḥ	nadīm	nadyau	nadīḥ
I.	senayā	senābhyām	senābhiḥ	nadyā	nadībhyām	nadībhiḥ
D.	senāyai	senābhyām	senābhyaḥ	nadyai	nadībhyām	nadībhyaḥ
Ab.	senāyāḥ	senābhyām	senābhyaḥ	nadyāḥ	nadībhyām	nadībhyaḥ
G.	senāyāḥ	senayoḥ	senānām	nadyāḥ	nadyoḥ	nadīnām
L.	senāyām	senayoḥ	senāsu	nadyām	nadyoḥ	nadīṣu
V.	sene	sene	senāḥ	nadi	nadyau	nadyaḥ

基 礎 ト レ ー ニ ン グ 1

次のサンスクリット語を音読しながら書きなさい。

सेना senā 軍隊

कन्या kanyā 少女、乙女、娘

गङ्गा gaṅgā ガンジス河

रम्भा rambhā バナナの木

मुद्रा mudrā 印章、貨幣

शोभा śobhā 美麗、華麗、優雅、輝き、素晴らしさ

भार्या bhāryā 妻

छाया chāyā 陰、影

संध्या saṃdhyā 黄昏、黎明、朝の薄明の時

भाषा bhāṣā 話言葉、記述、言語

सभा sabhā 集会場、集まり、宮廷

रेखा rekhā 縞、線

माला mālā 花輪、花飾り

लता latā つる草、華奢な婦人

बालिका bālikā 少女

次の日本語をサンスクリット語に直しなさい。

話　　　　輝き

バナナの木　　　　妻

印章	貨幣
華麗	優雅
妻	娘
陰	影
黄昏	黎明
言葉	記述
集会場	集まり
線	縞
花輪	花飾り
つる草	華奢な婦人
少女	乙女
軍隊	ガンジス河

基礎トレーニング 2

次のサンスクリット語を音読しながら書きなさい。

नगरी nagarī 町、都市

नदी nadī 河

धात्री dhātrī 乳母、助産婦

पृथिवी pṛthivī 地界、大地

वाणी vāṇī 言葉、話、声、音楽

राज्ञी rājñī 王妃

सिंही siṃhī 雌のライオン

जननी jananī 母

नारी nārī 女

पत्नी patnī 妻、女主人

भगिनी bhaginī 姉妹

गृहिणी gṛhiṇī 主婦、妻

शर्वरी śarvarī 星の輝く夜

次の日本語をサンスクリット語に直しなさい。

雌のライオン	町
母	河
乳母	助産婦
地界	大地
声	音楽
主婦	王妃

星の輝く夜	雌のライオン
町	母
河	女
女	妻
妻	姉妹
姉妹	主婦
女主人	星の輝く夜

3、 ātmanepada 反射態、爲自動詞

動詞の表す行為が動作主自身 のために行なわれる事を示す。現在爲自動詞 (A.) の活用

	sg.	du.	pl.
1	e	vahe	mahe
2	se	(e)īthe	dhve
3	te	(e)īte	ante

活用語尾に a をつけて活用するが、

a の前では a は消える。

v, m の前では ā になる。

例 √labh **(得る)**

	sg.	du.	pl.
1	labhe	labhāvahe	labhāmahe
2	labhase	labhethe	labhadhve
3	labhate	labhete	labhante

基 礎 ト レ ー ニ ン グ 3

次のサンスクリット語を音読しながら書きなさい。

ईक्षते √īkṣ 〔īkṣate〕 見る、期待する

कम्पते √kamp 〔kampate〕 震える

गाहते √gāh 〔gāhate〕 飛び込む

जायते √jan 〔jāyate〕 生まれる

डीयते √ḍī 〔ḍīyate〕 飛ぶ

मन्यते √man 〔manyate〕 考える、と思う

युध्यते √yudh 〔yudhyate〕 と戦う (I.)

रोचते √ruc 〔rocate〕 の気にいる、喜ばす、好む (D./G.)

मन्त्रयते √mantr 〔mantrayate〕 話す、語る、相談する

मृगयते √mṛg 〔mṛgayate〕 を捜し求める、狩る

विजयते vi-√ji 【vijayate】 征服する、打ち勝つ

पराजयते parā-√ji 【parājayate】 負かす

आपृच्छते ā-√pracch 【āpṛcchate】 暇ごいをする、と別れる、尋ねる（+Ac.）

प्रतिगच्छति prati-√gam 【pratigacchati】 戻る、向って行く

निक्षिपति ni-√kṣip 【nikṣipati】 降ろす、～に置く

परिपतति pari-√pat 【paripatati】 飛び回る、跳び下りる

निर्वहति nis-√vah 【nirvahati】 運び出す

प्रचलति pra-√cal 【pracalati】 前に進む、流布する

व्यस्यति vi-√as 【vyasyati】 散らばる、まき散らす

संक्षिपति saṃ-√kṣip 【saṃkṣipati】 まとめる

लभते √labh 【labhate】 獲得する、得る

次の日本語をサンスクリット語に直し、声に出しながら書きなさい。

好む	獲得する
見る	考える
散らばる	前に進む
飛び込む	捜す
跳び下りる	飛び回る
飛ぶ	負かす
と別れる	暇ごいをする
戻る	向って行く
降ろす	震える
相談する	征服する
戦う	運び出す
生まれる	まとめる

4、 sandhi の規則

e ＋ a ＝ e ’（ a 消失） labhadhve asim ＝ labhadhve ’sim

e ＋ a 以外の母音 ＝ a ＋ a 以外の母音

īkṣe indum ＝ īkṣayindum or īkṣa indum

名詞、動詞の両数の語尾 e は、どんな母音の前でも変化は受けない。

labhāvahe asim ; īkṣethe indum

5、（気に入る、満足を与える） √ruc 【rocate】 **は、**

気に入る物は N. 格、気に入られる人は D. 格をとる。

yuddhaṃ (N.) vīrāya (D.) rocate 戦闘は、英雄に 好まれる。（英雄は戦闘を好む。）

phalāni bālebhyo rocante 少年達は果物を好む。

6、 senāsu と nadīṣu の異なりは次の規則による。

先行すべき音	介在を許される音		s に続く音
a, ā 以外の母音	ḥ	s	ṛ を除く母音
k, r, l	ṃ	↓	t, th, n
		ṣ	m, y, v

例 nadī +su = nadīṣu　　anu + saṅga= anuṣaṅga

dhenu +su = dhenuṣu　　abhi + seka = abhiṣeka

基 礎 ト レ ー ニ ン グ 4

次のサンスクリット語を音読しながら書きなさい。

ईश्वरः īśvaraḥ 支配者、神、夫、富者、自在神

गुणः guṇaḥ 徳、美徳、性質、倍の

लोकः lokaḥ 世界、世間、人々

विनयः vinayaḥ 律、礼儀正しさ、謙虚さ

आकाशः ākāśaḥ 空

आगमः āgamaḥ 到着

प्रसादः prasādaḥ 親切な行為、恩恵

आरोग्यम् ārogyam 健康

काव्यम् kāvyam 詩

दैवम् daivam 天運、運命

बलम् balam 強さ、力

मांसम् māṃsam 肉

मित्रम् mitram 友人、友

सौन्दर्यम् saundaryam 美

हलम् halam 鍬

अलिः aliḥ 蜂

कपिः kapiḥ 猿

नृपतिः nṛpatiḥ 王

ऋषिः ṛṣiḥ 仙人、行者、聖仙

ध्वनिः dhvaniḥ 音、声

निधिः nidhiḥ 財宝

पाणिः pāṇiḥ 手

विधिः vidhiḥ 運命、規則、方法、やり方、創造者

रश्मिः raśmiḥ 光線

वायुः vāyuḥ 風

मृत्युः mṛtyuḥ 死

प्रभुः prabhuḥ 王、主人、夫、支配者

शत्रुः śatruḥ 敵

हेतुः hetuḥ 原因、理由、手段

साधुः sādhuḥ 善良な人、有徳な人、聖人

रघुः raghuḥ ラグ（人名）

अत्र atra ここに、その時

तत्र tatra そこに、その中に

एव eva 正に、～こそ、丁度、既に、全く、只

अद्य adya 今日、今

अधुना adhunā 今日、今

इव iva 丁度～のように

एवम् evam この様に、かくの如く

अपि api もまた、でさえも

न कदापि na kadāpi 決して～ない

सदा sadā 常に

वचनम् vacanam 言った事、言説、言葉

次の日本語をサンスクリット語に直し、声に出しながら書きなさい。

徳	友人
世界	美
ラグ	鍬
空	蜂
到着	猿
親切な行為	恩恵
健康	肉
詩	音
運命	財宝
強さ	手
運命、規則	方法、やり方
言った事	言説、言葉
行者	仙人
謙虚さ	礼儀正しさ
善良な人	聖人

王、主人	支配者
風	今
死	丁度～のように
神、富者、自在神	かくのごとく
敵	もまた、さえも
原因	決して～ない
王	ここに、その時
そこに	その中に
正に、丁度	既に、全く、只
今日	常に

8 ポイント

新しい単語

atra ここに、その時

adya 今日、今

adhunā 今、今日

api もまた、でさえも

aliḥ 蜂

ā-√pracch【āpṛcchate】暇ごいをする（+Ac.）

ākāśaḥ 空

āgamaḥ 到着

ārogyam 健康

iva 丁度～のように

√īkṣ【īkṣate】①見る、期待する

īśvaraḥ 支配者、神、夫、富者、自在神

ṛṣiḥ 仙人、行者、聖仙

eva 正に、～こそ、丁度、既に、全く、只

evam この様に、かくの如く

kanyā 少女、乙女、娘

kapiḥ 猿

√kamp【kampate】①震える

kāvyam 詩

gaṅgā ガンジス河

√gāh【gāhate】①飛び込む

guṇaḥ 徳、美徳、性質、倍の

gṛhiṇī 主婦、妻

chāyā 陰、影

√jan【jāyate】④生まれる

jananī 母

√ḍī【ḍīyate】④飛ぶ

tatra そこに、その中に

daivam 天運、運命

dhātrī 乳母、助産婦

dhvaniḥ 音、声

na kadāpi 決して～ない

nagarī 町、都市

nadī 河

nārī 女

ni-√kṣip【nikṣipati】降ろす、～に置く

nidhiḥ 財宝

nis-√vah【nirvahati】運び出す

nṛpatiḥ 王

patnī 妻、女主人

parā-√ji【parājayate】負かす

pari-√pat【paripatati】飛び回る、跳び下りる

pāṇiḥ 手

pṛthivī 地界、大地

pra-√cal【pracalati】前に進む、流布する

prati-√gam【pratigacchati】戻る、向って行く

prabhuḥ 王、主人、夫、支配者

prasādaḥ 親切な行為、恩恵

balam 強さ、力

bālikā 少女

bhaginī 姉妹

bhāryā 妻

bhāṣā 話言葉、記述、言語

√man【manyate】④考える、と思う

√mantr【mantrayate】⑩話す、語る、相談する

māṃsam 肉

mālā 花輪、花飾り

mitram 友人、友

mudrā 印章、貨幣

√mṛg【mṛgayate】⑩を捜し求める、狩る

mṛtyuḥ 死

√yudh【yudhyate】④と戦う (I.)

raghuḥ ラグ

rambhā バナナの木

raśmiḥ 光線

rājñī 王妃

√ruc【rocate】①の気にいる、喜ばす (D./G.)

rekhā 縞、線

latā つる草、華奢な婦人

√labh【labhate】①獲得する、得る (D./G.)

lokaḥ 世界、世間、人々

vacanam 言った事、言説、言葉

vāṇī 言葉、話、声、音楽

vāyuḥ 風

vi-√as【vyasyati】散らばる、まき散らす

vi-√ji【vijayate】征服する、打ち勝つ

vidhiḥ 運命、規則、方法、やり方、創造者

vinayaḥ 律、礼儀正しさ、謙虚さ

śatruḥ 敵

śarvarī 星の輝く夜

śobhā 美麗、華麗、優雅、輝き、素晴らしさ

saṃ-√kṣip【saṃkṣipati】まとめる

sadā 常に

saṃdhyā 黄昏、黎明、朝の薄明の時

sabhā 集会場、集まり、宮廷

sādhuḥ 善良な人、有徳な人、聖人

siṃhī 雌のライオン

senā 軍隊

saundaryam 美

halam 鍬

hetuḥ 原因、理由、手段

トレーニング 1

次のサンスクリット語を日本語に直しなさい。

1 शर्वर्याः शोभां शंसन्ति कवयः ।

śarvaryāḥ śobhāṃ śaṃsanti kavayaḥ

2 पुत्रौ नगर्याः प्रतिगच्छतः ।

putrau nagaryāḥ pratigacchataḥ

3 शीर्षात् नारी भारं निक्षिपति ।

śīrṣāt nārī bhāraṃ nikṣipati

4 गृहिणी मुद्रा गणयति ।

gṛhiṇī mudrā gaṇayati

5 विधिर्दुःखस्य हेतुर्भवति ।

vidhir duḥkhasya hetur bhavati

6 मेघानां रेखाकाशं भूषयति ।

meghānāṃ rekhā-ākāśaṃ bhūṣayati

7 सिंहीव जननी पुत्रान् रक्षति ।

siṃhī-iva jananī putrān rakṣati

8 रम्भासु काकौ परिपततः ।

rambhāsu kākau paripatataḥ

9 जनन्या आगमेन बालिका मालां रचयन्ति ।

jananyā āgamena bālikā mālāṃ racayanti

10 मुनेर्वचनानि संक्षिपति कविः ।

muner vacanāni saṃkṣipati kaviḥ

11 धात्री शिशुं न कदापि त्यजति ।

dhātrī śiśuṃ na kadāpi tyajati

12 गङ्गा वने अन्तरा वहति ।

gaṅgā vane antarā vahati

13 अद्यैव नृपतिः सभायां नोपविशति ।

adya-eva nṛpatiḥ sabhāyāṃ na-upaviśati

14 ईश्वरस्य प्रसादेन नरा आरोग्यमधिगच्छन्ति ।

īśvarasya prasādena narā ārogyam adhigacchanti

トレーニング 2

次のサンスクリット語を日本語に直しなさい。

1 मित्रे गङ्गायां गाहेते ।

mitre gaṅgāyāṃ gāhete

2 नृपतेः समक्षं राज्ञी भगिनीमापृच्छते ।

nṛpateḥ samakṣaṃ rājñī bhaginīm āpṛcchate

3 संध्यायां नृपतिररीन्पराजयते ।

saṃdhyāyāṃ nṛpatir arīn parājayate

4 बालिके कुसुमानि मृगयेते ।

bālike kusumāni mṛgayete

5 बलेनारीन्रघुर्विजयते ।

balena-arīn raghur vijayate

6 मांसं शृगालाय रोचते ।

māṃsaṃ śṛgālāya rocate

7 दुःखे सुखे च नार्य ऋषिं मन्त्रयन्ते ।

duḥkhe sukhe ca nārya ṛṣiṃ mantrayante

8 मृत्यावपि वीरो न कम्पते ।

mṛtyāv api vīro na kampate

9 नद्यास्तीरे शत्रवो युध्यन्ते ।

nadyās tīre śatravo yudhyante

10 तरोस्तरुं कपोता डीयन्ते ।

taros taruṃ kapotā ḍīyante

11 कपिभ्यः फलानि रोचन्ते ।

kapibhyaḥ phalāni rocante

応用トレーニング 1

次の日本語をサンスクリット語に直しなさい。

1. 星の輝く夜の優雅さを詩人達は賛美する。

2. 息子二人は町より戻る。

3. 頭から女が荷物を降ろす。

4. 主婦は貨幣（pl.）をかぞえる。

5. 苦しみの原因は運命にある。

6. 一続きの雲（pl.）の筋は空を飾る。

7. 雌ライオンのように母親は息子達を守る。

8. バナナの木（pl.）の間を２羽のカラスが飛び回る。

9. 母が到着したので少女達は花輪を作る。

10. 賢者の言葉（pl.）を詩人はまとめる。

11. 乳母は赤ん坊を決して捨てない。

12. ガンジス河は二つの森の間を流れる。

13. 今日だけ王は集会の中に座らない。

14. 神の恩恵によって人々は健康を得る。

応用トレーニング　2

次の日本語をサンスクリット語に直しなさい。

1. 友人二人はガンジス河に飛び込む。

2. 王の眼前で王妃は姉妹に別れを告げる。

3. 黄昏どきに王は敵達を負かす。

4. 少女二人は花（pl.）をさがす。

5. 力によって敵達をラグは征服する。

6. 肉をジャッカルは好む。

7. 苦しみでも喜びでも女達は聖仙に相談する。

8. 死においても英雄は震えない。

9. 河の堤で敵達は戦う。

10. 木から木に鳩たちは、飛ぶ。

11. サルたちは果物を好む。

トレーニング 1

1. 星の輝く夜の優雅さを詩人達は賛美する。

शर्वर्याः शोभां शंसन्ति कवयः ।

śarvaryāḥ śobhāṃ śaṃsanti kavayaḥ

śarvaryāḥ	(G.sg.) śarvarī (f.) 星の輝く夜（の）
śobhāṃ	(Ac.sg.) śobhā (f.) 優雅さ（を）
śaṃsanti	(3.pl.pres.P.) √śaṃs (1) 賛美する
kavayaḥ	(N.pl.) kavi (m.) 詩人（たちは）

2. 息子二人は町より戻る。

पुत्रौ नगर्याः प्रतिगच्छतः ।

putrau nagaryāḥ pratigacchataḥ

putrau	(N.du.) putra (m.) 二人の息子（は）
nagaryāḥ	(Ab.sg.) nagarī (f.) 町（より）
pratigacchataḥ	(3.du.pres.P.) prati-√gam (1) 戻る

3. 頭から女が荷物を降ろす。

शीर्षात् नारी भारं निक्षिपति ।

śīrṣāt nārī bhāraṃ nikṣipati

śīrṣāt	(Ab.sg.) śīrṣa (n.) 頭（から）
nārī	(N.sg.) nārī (f.) 女（が）
bhāraṃ	(Ac.sg.) bhāra (m.) 荷物（を）
nikṣipati	(3.sg.pres.P.) ni-√kṣip (6) 降ろす

4. 主婦は貨幣をかぞえる。

गृहिणी मुद्रा गणयति । gṛhiṇī mudrā gaṇayati

gṛhiṇī	(N.sg.) gṛhiṇī (f.) 主婦（は）
mudrā	(Ac.pl.) mudrā (f.) 貨幣（を） (-ā → -āḥ)
gaṇayati	(3.sg.pres.P.) √gaṇ (10) かぞえる

5. 苦しみの原因は運命にある。

विधिर्दुःखस्य हेतुर्भवति ।

vidhir duḥkhasya hetur bhavati

vidhir	(N.sg.) vidhi (m.) 運命（が）（-ir → -iḥ）
duḥkhasya	(G.sg.) duḥkha (n.) 苦しみ（の）
hetur	(N.sg.) hetu (m.) 原因（-ur → -uḥ）
bhavati	(3.sg.pres.P.) √bhū (1) ～である

6. 一続きの雲の筋は空を飾る。

मेघानां रेखाकाशं भूषयति ।

meghānāṃ rekhā-ākāśaṃ bhūṣayati

meghānāṃ	(G.pl.) megha (m.) 雲（の）
rekhā-	(N.sg.) rekhā (f.) 筋（は）（-ā- → -ā ā-）
ākāśaṃ	(Ac.sg.) ākāśa (m.) 空（を）
bhūṣayati	(3.sg.pres.P.) √bhūṣ (10) 飾る

7. 雌ライオンのように母親は息子達を守る。

सिंहीव जननी पुत्रान् रक्षति ।

siṃhī-iva jananī putrān rakṣati

siṃhī	(N.sg.) siṃhī (f.) 雌ライオン
iva	(ind.) ～のように
jananī	(N.sg.) jananī (f.) 母親（は）
putrān	(Ac.pl.) putra (n.) 息子（たちを）
rakṣati	(3.sg.pres.P.) √rakṣ (1) 守る

8. 料理用バナナの木の間を２羽のカラスが飛び回る。

रम्भासु काकौ परिपततः । rambhāsu kākau paripatataḥ

rambhāsu	(L.pl.) rambhā (f.) 料理用バナナの木（の間を）
kākau	(N.du.) kāka (m.) 二羽のカラス（が）
paripatataḥ	(3.du.pres.P.) pari-√pat (1) 飛び回る

9. 母が到着したので少女達は花輪を作る。

जनन्या आगमेन बालिका मालां रचयन्ति ।

jananyā āgamena bālikā mālāṃ racayanti

jananya	(G.sg.) jananī (f.) 母（の） (−ā → −āḥ)
āgamena	(I.sg.) āgama (m.) 到着（によって）
bālikā	(N.pl.) bālikā (f.) 少女（たちは） (−ā → −āḥ)
mālāṃ	(Ac.sg.) mālā (f.) 花輪（を）
racayanti	(3.pl.pres.P.) √rac (10) 作る

10. 賢者の言葉を詩人はまとめる。

मुनेर्वचनानि संक्षिपति कविः ।

muner vacanāni saṃkṣipati kaviḥ

muner	(G.sg.) muni (m.) 賢者（の） (−er → −eḥ)
vacanāni	(Ac.pl.) vacana (n.) （多くの）言葉（を）
saṃkṣipati	(3.sg.pres.P.) saṃ−√kṣip (6) まとめる
kaviḥ	(N.sg.) kavi (m.) 詩人（は）

11. 乳母は赤ん坊を決して捨てない。

धात्री शिशुं न कदापि त्यजति ।

dhātrī śiśuṃ na kadāpi tyajati

dhātrī	(N.sg.) dhātrī (f.) 乳母（は）
śiśuṃ	(Ac.sg.) śiśu (m.) 赤ん坊（を）
na	(ind.) na 〜ない
kadāpi	(ind.) kadāpi 決して
tyajati	(3.sg.pres.P.) √tyaj (1) 捨てる

12. ガンジス河は二つの森の間を流れる。

गङ्गा वने अन्तरा वहति ।

gaṅgā vane antarā vahati

gaṅgā	(N.sg.) gaṅgā (f.) ガンジス河（は）
vane	(Ac.du.) vana (n.) 二つの森 **【両数のサンディ注意】**
antarā	(ind.) antarā (adv.) ～の間を（＋Ac.）
vahati	(3.sg.pres.P.) √vah (1) 流れる

13. 今日だけ、王は集会の中に座らない。

अद्यैव नृपतिः सभायां नोपविशति ।

adya-eva nṛpatiḥ sabhāyāṃ na-upaviśati

adya-	(ind.) adya (adv.) 今日（-ai- → -a e-）
eva	(ind.) eva (adv.) だけ
nṛpatiḥ	(N.sg.) nṛpati (m.) 王（は）
sabhāyāṃ	(L.sg.) sabhā (f.) 集会（の中に）
na-	(ind.) na ～ない（-o- → -a u-）
upaviśati	(3.sg.pres.P.) upa-√viś (6) 座ら

14. 神の恩恵によって人々は健康を得る。

ईश्वरस्य प्रसादेन नरा आरोग्यमधिगच्छन्ति ।

īśvarasya prasādena narā ārogyam adhigacchanti

īśvarasya	(G.sg.) īśvara (m.) 神（の）
prasādena	(I.sg.) prasāda (m.) 恩恵（によって）
narā	(N.pl.) nara (m.) 人（々は）（-ā → -āḥ）
ārogyam	(Ac.sg.) ārogya (n.) 健康（を）
adhigacchanti	(3.pl.pres.P.) adhi-√gam (1) 得る

トレーニング 2

1. 友人二人はガンジス河に飛び込む。

मित्रे गङ्गायां गाहेते । mitre gaṅgāyāṃ gāhete

mitre	(N.du.) mitra (n.) 二人の友人（は）
gaṅgāyāṃ	(L.sg.) gaṅgā (f.) ガンジス河（に）
gāhete	(3.du.pres.A.) √gāh (1) 飛込む

2. 王の眼前で王妃は姉妹に別れを告げる。

नृपतेः समक्षं राज्ञी भगिनीमापृच्छते ।

nṛpateḥ samakṣaṃ rājñī bhaginīm āpṛcchate

nṛpateḥ	(G.sg.) nṛpati (m.) 王
samakṣaṃ	(ind.) ～の眼前で (+G.)
rājñī	(N.sg.) rājñī (f.) 王妃（は）
bhaginīm	(Ac.sg.) bhaginī (f.) 姉妹（に）
āpṛcchate	(3.sg.pres.A.) ā–√pracch (6) 別れを告げる

3. 黄昏どきに王は敵達を負かす。

संध्यायां नृपतिररीन्पराजयते ।

saṃdhyāyāṃ nṛpatir arīn parājayate

saṃdhyāyāṃ	(L.sg.) saṃdhyā (f.) 黄昏（どきに）
nṛpatir	(N.sg.) nṛpati (m.) 王（は） (–ir → –iḥ)
arīn	(Ac.pl.) ari (m.) 敵（たちを）
parājayate	(3.sg.pres.A.) parā–√ji (1) 負かす、征服する

4. 少女二人は花をさがす。

बालिके कुसुमानि मृगयेते । bālike kusumāni mṛgayete

bālike	(N.du.) bālikā (f.) 二人の少女（は）
kusumāni	(Ac.pl.) kusuma (n.) （多くの）花（を）
mṛgayete	(3.du.pres.A.) √mṛg (10) さがす

5. 力によって敵達をラグは征服する。

बलेनारीन्रघुर्विजयते । balena–arīn raghur vijayate

balena–	(I.sg.) bala (n.) 力（によって） (–ā– → –a a–)
arīn	(Ac.pl.) ari (m.) 敵（たちを）
raghur	(N.sg.) raghu (m.) ラグ（は） (–ur → –uḥ)
vijayate	(3.sg.pres.A.) vi–√ji (1) 征服する

6. ジャッカルは肉を好む。

मांसं शृगालाय रोचते । māṃsaṃ śṛgālāya rocate

māṃsaṃ	(N.sg.) māṃsa (n.) 肉（は）［を］
śṛgālāya	(D.sg.) śṛgāla (m.) ジャッカル（に）［は］
rocate	(3.sg.pres.A.) √ruc (1) 好まれる［好む］ (+D.)

7. 苦しみでも喜びでも女達は聖仙に相談する。

दुःखे सुखे च नार्य ऋषिं मन्त्रयन्ते ।

duḥkhe sukhe ca nārya ṛṣiṃ mantrayante

duḥkhe	(L.sg.) duḥkha (n.) 苦しみ（において）
sukhe	(L.sg.) sukha (n.) 喜び（において）
ca	(ind.) ca ～も～
nārya	(N.pl.) nārī (f.) 女（たちは） (–a → –aḥ)
ṛṣiṃ	(Ac.sg.) ṛṣi (m.) 聖仙（に）
mantrayante	(3.pl.pres.A.) √mantr (10) 相談する

8. 死においても英雄は震えない。

मृत्यावपि वीरो न कम्पते । mṛtyāv api vīro na kampate

mṛtyāv–	(L.sg.) mṛtyu (m.) 死（において） (–āv → –au)
api	(ind.) api (adv.) ～も
vīro	(N.sg.) vīra (m.) 英雄（は） (–o → –aḥ)
na	(ind.) na ～ない
kampate	(3.sg.pres.A.) √kamp (1) 震える

9. 河の堤で敵達は戦う。

नद्यास्तीरे शत्रवो युध्यन्ते । nadyās tīre śatravo yudhyante

nadyās	(G.sg.) nadī (f.) 河（の） (–ās → –āḥ)
tīre	(L.sg.) tīra (n.) 堤（で）
śatravo	(N.pl.) śatru (m.) 敵（たちは） (–o → –aḥ)
yudhyante	(3.pl.pres.A.) √yudh (4) 戦う

10. 木から木に鳩は飛ぶ。

तरोस्तरुं कपोता डीयन्ते ।

taros tarum̥ kapotā ḍīyante

taros	(Ab.sg.) **taru** (m.) 木（から） (−os → −oḥ)
tarum̥	(Ac.sg.) **taru** (m.) 木（に）
kapotā	(N.pl.) **kapota** (m.) 鳩（たちは） (−ā → −āḥ)
ḍīyante	(3.pl.pres.A.) √**ḍī** (4) 飛ぶ

11. サルたちは果物を好む。

कपिभ्यः फलानि रोचन्ते ।

kapibhyaḥ phalāni rocante

kapibhyaḥ	(D.pl.) **kapi** (m.) 猿（たちに）［は］
phalāni	(N.pl.) **phala** (n.) 果物（は）［を］
rocante	(3.pl.pres.A.) √**ruc** (1) 好まれる［好む］ (+D.)

第 9 課　直説法過去、　i 、u で終わる女性名詞

1、　過去　　サンスクリットにおいて３つの過去を表す時制がある。

直説法過去【 laṅ 】(imperfect) は、話者を目撃者とするその日以前の出来事を
叙述するのに用いられる。話者がいた時、経験したこと。 遠い過去を表す。

完了【 liṭ 】(perfect) は、話者を目撃者としないその日以前の事柄を叙述するのに用いられる。
話者がいない時、経験していないこと（伝聞）。遠い過去を表す。

アオリスト【 luṅ 】(aorist) は、特別の制限のない過去を表すが直説法過去と完了と対比される時は、その日の中の出来事に関して用いられる。直前のこと、近い過去を表す。

しかし、これらの区別は一般に守られていない。ただ完了において１人称の活用形が使われるのは究めて希である。 さらに、過去分詞がしばしば述語として用いられて、過去を示す。

2、語幹の作り方

第１、４、６、１０類動詞の -a で終わる現在語幹をもち、共通の形式に従って変化する。

オーグメント（接頭母音） a (augment) は過去をあらわす接頭母音である。

直説法過去の活用するすべての動詞にオーグメント a が接頭辞として添えられる。

√pat ・語根・　　**pata** ・語幹・　　**a ＋ pata** ・オーグメント＋語幹・

語根が接頭辞を伴う時オーグメントは両方の中間に挿入され **sandhi** の法則が適用される。

・接頭辞＋語根・	・接頭辞＋オーグメント＋語幹・	・ sandhi の法則・
pra ＋ √viś	**pra ＋ a ＋ viśa**	**prāviśat**
anu ＋ √bhū	**anu ＋ a ＋ bhava**	**anvabhavat**
prati ＋ √pat	**prati ＋ a ＋ pata**	**pratyapatat**
ā ＋ √gam	**ā ＋ a ＋ gaccha**	**āgacchat**

（※ **āgacchati** との区別に注意！）

語根が母音で始まる場合、オーグメントはその語頭の母音と連声して **vṛddhi** となる。

語根	オーグメント＋語幹・	vṛddhi 化した語幹・	
√as	a ＋ asya	āsya	a ＋ a ＝ ā
√iṣ	a ＋ iccha	aiccha	a ＋ e ＝ ai
√uṣ	a ＋ oṣa	auṣa	a ＋ o ＝ au
√ṛ	a ＋ ṛccha	ārccha	a ＋ ar ＝ ār

基礎母音	--	i ī	u ū	ṛ ṝ	ḷ
guṇa	a	e	o	ar	al
vṛddhi	ā	ai	au	ār	(āl)

3、直説法過去の活用語尾

	parasmaipada				ātmanepada		
	sg.	du.	pl.		sg.	du.	pl.
1	am	va	ma	1	(e)i	vahi	mahi
2	s(ḥ)	tam	ta	2	thāḥ	(e)īthām	dhvam
3	t	tām	an	3	ta	(e)ītām	anta

活用語尾は、 v, m の前では ā になり a の前では a は消える。

	√viś parasmaipada				√labh ātmanepada		
	sg.	du.	pl.		sg.	du.	pl.
1	aviśam	aviśāva	aviśāma	1	alabhe	alabhāvahi	alabhāmahi
2	aviśaḥ	aviśatam	aviśata	2	alabhathāḥ	alabhethām	alabhadhvam
3	aviśat	aviśatām	aviśan	3	alabhata	alabhetām	alabhanta

オーグメント (Augment) a は、過去を示す接頭辞で、直説法過去、アオリスト、
条件法に用いられる第２次人称語尾を伴う時称 (Tenses)
・法 (Moods) の語根部の前に付加される。
オーグメントを伴わない直説法過去、あるいはアオリストの形が否定辞 mā と共に用いられて
禁止を表す。オーグメントのない形は指令法 (Injunctive) と呼ばれる。

4、 √kṛ （～する）は８類動詞に属しているが、大変頻繁に使用される動詞であるから、まず最初に学ぶ必要がある。

	直説法現在				直説法過去		
	sg.	du.	pl.		sg.	du.	pl.
1	karomi	kurvaḥ	kurmaḥ	1	akaravam	akurva	akurma
2	karoṣi	kuruthaḥ	kurutha	2	akaroḥ	akurutam	akuruta
3	karoti	kurutaḥ	kurvanti	3	akarot	akurutām	akurvan

5、 –i および –u 語幹の女性名詞

–i , –u で終わる男性名詞と活用語尾変化において、多くの共通点をもつ。

男性名詞の I. sg.　Ac. pl. は –ī で終わる女性名詞の活用語尾と同じである。

D. Ab. G. L. sg. は、それぞれ２つの語形を有し、１つは nadī の変化に準じ、

他は agni, śiśu の変化に準じる。

mati（f.）（思考）　　　dhenu（f.）（雌牛）

	sg.	du.	pl.		sg.	du.	pl.
N.	matiḥ	matī	matayaḥ	N.	dhenuḥ	dhenū	dhenavaḥ
Ac.	matim	matī	matīḥ	Ac.	dhenum	dhenū	dhenūḥ
I.	matyā	matibhyām	matibhiḥ	I.	dhenvā	dhenubhyām	dhenubhiḥ
D.	matyai mataye	matibhyām	matibhyaḥ	D.	dhenvai dhenave	dhenubhyām	dhenubhyaḥ
Ab.	matyāḥ mateḥ	matibhyām	matibhyaḥ	Ab.	dhenvāḥ dhenoḥ	dhenubhyām	dhenubhyaḥ
G.	matyāḥ mateḥ	matyoḥ	matīnām	G.	dhenvāḥ dhenoḥ	dhenvoḥ	dhenūnām
L.	matyām matau	matyoḥ	matiṣu	L.	dhenvām dhenau	dhenvoḥ	dhenuṣu
V.	mate	matī	matayaḥ	V.	dheno	dhenū	dhenavaḥ

基礎トレーニング　１

次のサンスクリット語を音読しながら書きなさい。

मतिः　matiḥ (f.) 思考、心、考え、意志、欲望、意見

शक्तिः　śaktiḥ (f.) 力、能力

भक्तिः　bhaktiḥ (f.) 献身、信愛、信仰、全身全霊での帰依

तृप्तिः　tṛptiḥ (f.) 満足

नीतिः　nītiḥ (f.) 正しい行為、道徳、政治、処生術 、賢明な行動

केलिः　keliḥ (f.) 遊戯、愛の戯れ、冗談、ジョーク

भूमिः　bhūmiḥ (f.) 大地、地面、国土、土地

धूलिः　dhūliḥ (f.) 埃、花粉、塵

रात्रिः　rātriḥ (f.) 夜

धेनुः　dhenuḥ (f.) 雌牛、乳牛

चञ्चुः　cañcuḥ (f.) 嘴

तनुः　tanuḥ (f.) 身体

रज्जुः　rajjuḥ (f.) 綱 、紐

रेणुः reṇuḥ (f.) 埃、花粉

हनुः hanuḥ (f.) 顎

कार्यम् kāryam 任務、結果、仕事、なされるべきこと

घटः ghaṭaḥ 壷

आदेशः ādeśaḥ 命令

次の日本語をサンスクリット語に直しなさい。

処生術、行為	結果、仕事
遊戯、愛の戯れ、冗談	壷
大地、地面	命令
埃	雌牛、乳牛
夜	嘴
思考、考え、心	身体
力	綱
献身、信愛、信仰	ほこり、花粉
満足	顎

基礎トレーニング 2

次のサンスクリット語を音読しながら書きなさい。

करोति √kṛ【karoti】～する、なす、～を作る

विवदते vi-√vad【vivadate】言争う

वर्तते √vṛt【vartate】存在する、～にある、（+I.）で生活する

निवर्तते ni-√vṛt【nivartate】をやめる、避ける、から帰る、断つ、消える（+Ab.）

उपगच्छति upa-√gam【upagacchati】近づく

विषीदति vi-√sad【viṣīdati】がっかりする

अधितिष्ठति adhi-√sthā【adhitiṣṭhati】～に住む（+Ac.）

परिणयति pari-√nī【pariṇayati】～と結婚する

अभिनिविशते abhi-ni-√viś【abhiniviśate】に専念する、献身する（+Ac.）

आद्रियते ā-√dṛ【ādriyate】尊敬する

भाषते √bhāṣ【bhāṣate】に話しかける、告げる（+Ac.）

आरभते ā-√rabh【ārabhate】～を始める

लभते √labh【labhate】獲得する、得る

शीर्षे करोमि śīrṣe karomi 私は頭の上に置く

करे करोमि　kare karomi 私はつかむ

क्षणं करोमि　kṣaṇaṃ karomi 私は少しの間待つ

मतिं करोमि　matiṃ karomi 私は、～（+L）に注目する

पदं करोमि　padaṃ karomi 私は、～（+L）に足を踏み入れる

次の日本語をサンスクリット語に直しなさい。

～を作る

言争う

存在する

～から帰る（+Ab.)

私は頭に乗せる

がっかりする

～に住む（+Ac.)

私は～（+L.）注意する

に専念する（+Ac.)

近づく

得る

私は、～（+L）に足を踏み入れる

導き回る

する

話す

～を始める

やめる（+Ab.)

私は頭の上に置く

私はつかむ

私は少しの間待つ

私は（+L.）に注目する

献身する（+Ac.)

接近する

獲得する

尊敬する

～と結婚する

9 ポイント

新しい単語

ādeśaḥ 命令

kāryam 任務、結果、仕事、なされるべきこと

keliḥ (f.) 遊戯、愛の戯れ、冗談、ジョーク

ghaṭaḥ 壷、瓶

cañcuḥ (f.) 嘴

tanuḥ (f.) 身体

tṛptiḥ (f.) 満足

dhūliḥ (f.) 埃、花粉、塵

dhenuḥ (f.) 雌牛、乳牛

nītiḥ (f.) 正しい行為、道徳、政治、処生術 、賢明な行動

bhaktiḥ (f.) 献身、信愛、信仰、全身全霊での帰依

bhūmiḥ (f.) 大地、地面、国土、土地

rajjuḥ (f.) 綱 、紐

reṇuḥ (f.) 埃、花粉

hanuḥ (f.) 顎

matiḥ (f.) 思考、意志、欲望、意見、心、考え

rātriḥ (f.) 夜

śaktiḥ (f.) 力、能力

adhi-√sthā【adhitiṣṭhati】～に住む（＋Ac.)

abhi-ni-√viś【abhiniviśate】～に献身する、に専念する（＋Ac.)

ā-√dṛ【ādriyate】尊敬する、敬う

ā-√rabh【ārabhate】～を始める

upa-√gam【upagacchati】近づく、接近する

kare karomi 私は、手にとる（つかむ）

√kṛ【karoti】⑧～する、なす、～を作る

kṣaṇam karomi 私は、少しの間待つ、ちょっと待つ

ni-√vṛt【nivartate】をやめる、から帰る、消える、を避ける、を断つ（＋Ab.)

padam karomi 私は、～（＋L.）に足を踏み入れる

pari-√nī【pariṇayati】導き回る、～と結婚する

√bhāṣ【bhāṣate】①に話しかける、告げる（＋Ac.)

matim karomi 私は、～（＋L.）注目（注意）する

√labh【labhate】①獲得する、得る

vi-√vad【vivadate】言争う、一致しない

vi-√sad【viṣīdati】がっかりする、失望する、悲しむ

√vṛt【vartate】①存在する、～にある、（＋I.）で生活する

śīrṣe karomi 私は、頭の上に置く（頭に乗せる）

トレーニング 1

次のサンスクリット語を日本語に直しなさい。

1 चञ्च्वा काको मांसमहरत् ।

cañcvā kāko māṃsam aharat

2 प्रासादे पदमकरवं नृपतिं चोपागच्छम् ।

prāsāde padam akaravaṃ nṛpatiṃ ca-upāgaccham

3 जनकस्यादेशात् बालो धेनू ग्रामात् बहिरनयत् ।

janakasya-ādeśāt bālo dhenū grāmāt bahir anayat

4 दासौ घटं शीर्षे कुरुतः ।

dāsau ghaṭam śīrṣe kurutaḥ

5 रज्ज्वा पुत्रो धेनुं कर्षति ।

rajjvā putro dhenuṃ karṣati

6 जनन्यास्तृप्तये विनयमभिन्यविशेतां बालिके ।

jananyās tṛptaye vinayam abhinyaviśetāṃ bālike

7 हे रघो, कार्यात् न न्यवर्तथाः ।

he ragho, kāryāt na nyavartathāḥ

8 कुसुमात् कुसुमं रेण्वा अलिर्डीयते ।

kusumāt kusumaṃ reṇvā alir ḍīyate

9 शत्रूणामागमेन धूलिर्ग्रामं छादयति ।

śatrūṇām āgamena dhūlir grāmaṃ chādayati

10 मुनी विवदेते ।

munī vivadete

11 मित्रस्य मृत्युना विषीदथः ।

mitrasya mṛtyunā viṣīdathaḥ

12 शीर्षे भारमकुर्वन् ।

śīrṣe bhāram akurvan

13 पशोर्हन्वारीनतुदत् ।

paśor hanvā-arīn atudat

14 वनमध्यतिष्ठम् ।

vanam adhyatiṣṭham

15 नृपतेः पुत्रो गुरोर्भगिनीं पर्यणयत् ।

nṛpateḥ putro guror bhaginīṃ paryaṇayat

16 मित्रस्यागमे मतिमकरोत् ।

mitrasya-āgame matim akarot

17 भूमौ तृणस्य राशयो वर्तन्ते ।

bhūmau tṛṇasya rāśayo vartante

18 साधुः कार्यं रात्रौ नारभते ।

sādhuḥ kāryaṃ rātrau na-ārabhate

19 प्रभोः प्रसादेन दासास्तृप्तिमलभन्त ।

prabhoḥ prasādena dāsās tṛptim alabhanta

20 पुत्रो जनकं जननीं चाद्रियते ।

putro janakaṃ jananīṃ ca-ādriyate

21 सभायां जनकोऽभाषत ।

sabhāyāṃ janako 'bhāṣata

22 मुनिर्नारीणां नीतिमशंसत् ।

munir nārīṇāṃ nītim aśaṃsat

23 ईश्वरस्य शक्तिं दैवं मन्यन्त ऋषयः ।

īśvarasya śaktiṃ daivaṃ manyanta ṛṣayaḥ

応用トレーニング 1

次の日本語をサンスクリット語に直しなさい。

1. 嘴でカラスは肉を持ち去った。
2. 宮殿に私は足を踏み入れて王に近づいた。
3. 父の命令で少年は２頭の牛を村の外へ連れ出した。
4. ２人の召使いは、壷を頭に乗せる。
5. 綱で息子は牛を引っ張る。
6. 母を満足さすために二人の娘は行儀良くした。

7. おお、ラグよ！あなたは仕事をやめなかった。

8. 花から花へ花粉を求めて蜂が飛ぶ。

9. 敵達の到着によって埃が村を覆う。

10. ２人の賢者が言争う。

11. 友人の死によってあなた達二人は悲しむ。

12. 彼らは荷物を頭に乗せた。

13. 彼（猿の王）は獣の顎をもって敵達を打ちのめした。

14. 私は森に住んでいた。

15. 王の息子は先生の妹と結婚した。

16. 友の到着に彼は注意を向けた。

17. 大地に草の山々がある。

18. 誠実な人は仕事を夜に始めない。

19. 主人の好意によって召使い達は満足を得た。

20. 息子は、父と母を尊敬する。

21. 集会において父が話した。

22. 聖者は女性達の賢明な振舞を褒めた。

23. 神の力を運命と聖仙達は考える。

トレーニング 1

1. 嘴でカラスは肉を持ち去った。

चञ्च्वा काको मांसमहरत् ।

cañcvā kāko māṃsam aharat

cañcvā	(I.sg.) cañcu (f.) くちばし（で）
kāko	(N.sg.) kāka (m.) カラス（は）（-o → -aḥ）
māṃsam	(Ac.sg.) māṃsa (n.) 肉（を）
aharat	(3.sg.impf.P.) √hṛ (1) 持ち去った

2. 宮殿に私は足を踏み入れて王に近づいた。

प्रासादे पदमकरवं नृपतिं चोपागच्छम् ।

prāsāde padam akaravaṃ nṛpatiṃ ca-upāgaccham

prāsāde	(L.sg.) prāsāda (m.) 宮殿（の中に）
padam	(Ac.sg.) pada (n.) 足（を）
akaravaṃ	(1.sg.impf.P.) √kṛ (8)（私は）踏み入れた
padam √kṛ	**【熟語】** 足を踏み入れる
nṛpatiṃ	(Ac.sg.) nṛpati (m.) 王（に）
ca-	(ind.) ca そして（-o- → -a u-）
upāgaccham	(1.sg.impf.P.) upa-√gam (1)（私は）近づいた

3. 父の命令で少年は２頭の牛を村の外へ連れ出した。

जनकस्यादेशात् बालो धेनू ग्रामात् बहिरनयत् ।

janakasya-ādeśāt bālo dhenū grāmāt bahir anayat

janakasya-	(G.sg.) janaka (m.) 父（の）（-ā- → -a ā-）
ādeśāt	(Ab.sg.) ādeśa (m.) 命令（で）
bālo	(N.sg.) bāla (m.) 少年（は）（-o → -aḥ）
dhenū	(Ac.du.) dhenu (f.) 二頭の牛（を）
grāmāt	(Ab.sg.) grāma (m.) 村
bahir	(ind.) bahis ～の外へ（+Ab.）（-r → -s）
anayat	(3.sg.impf.P.) √nī (1) 連れ出した

4. ２人の召使いは、壷を頭に乗せる。

दासौ घटं शीर्षे कुरुतः ।

dāsau ghaṭam śīrṣe kurutaḥ

dāsau	(N.du.) dāsa (m.) 二人の召使い（は）
ghaṭam	(Ac.sg.) ghaṭa (m.) 壷（を）
śīrṣe	(L.sg.) śīrṣa (n.) 頭（に）
kurutaḥ	(3.du.pres.P.) √kṛ (8) 乗せる
śīrṣe √kṛ	**【熟語】** 頭に乗せる

5. 綱で息子は牛を引っ張る。

रज्ज्वा पुत्रो धेनुं कर्षति ।

rajjvā putro dhenuṃ karṣati

rajjvā	(I.sg.) rajju (f.) 綱（で）
putro	(N.sg.) putra (m.) 息子（は）（-o → -aḥ）
dhenuṃ	(Ac.sg.) dhenu (f.) 牛（を）
karṣati	(3.sg.pres.P.) √kṛṣ (1) 引っ張る

6. 母を満足さすために二人の娘は行儀良くした。

जनन्यास्तृप्तये विनयमभिन्यविशेतां बालिके ।

jananyās tṛptaye vinayam abhinyaviśetāṃ bālike

jananyās	(G.sg.) jananī (f.) 母（の）（-ās → -āḥ）
tṛptaye	(D.sg.) tṛpti (f.) 満足（のために）
vinayam	(Ac.sg.) vinaya (m.) 行儀（を）
abhinyaviśetāṃ	(3.du.impf.A.) abhi-ni-√viś (6) 良くした
bālike	(N.du.) bālikā (f.) 二人の娘（は）

7. おお、ラグよ！あなたは仕事をやめなかったね。

हे रघो, कार्यात् न न्यवर्तथाः ।

he ragho, kāryāt na nyavartathāḥ

he	(ind.) **he** おお！
ragho	(V.sg.) **raghu** (m.) ラグ（よ）
kāryāt	(Ab.sg.) **kārya** (n.) 仕事（を）
na	(ind.) **na** ～ない
nyavartathāḥ	(2.sg.impf.A.) **ni–√vṛt** (1) （あなたは）～をやめた（+Ab.）

8. 花から花へ花粉を求めて蜂が飛ぶ。

कुसुमात् कुसुमं रेण्वा अलिर्डीयते ।

kusumāt kusumaṃ reṇvā alir ḍīyate

kusumāt	(Ab.sg.) **kusuma** (n.) 花（から）
kusumaṃ	(Ac.sg.) **kusuma** (n.) 花（へ）
reṇvā	(D.sg.) **reṇu** (f.) 花粉（のために） (**–ā** → **–ai**) ［**連声法注意**］
alir	(N.sg.) **ali** (m.) 蜂（が） (**–ir** → **–iḥ**)
ḍīyate	(3.sg.pres.A.) **√ḍī** (4) 飛ぶ

9. 敵達の到着によって埃が村を覆う。

शत्रूणामागमेन धूलिर्ग्रामं छादयति ।

śatrūṇām āgamena dhūlir grāmaṃ chādayati

śatrūṇām	(G.pl.) **śatru** (m.) 敵（たちの）
āgamena	(I.sg.) **āgama** (m.) 到着（によって）
dhūlir	(N.sg.) **dhūli** (f.) ほこり（が） (**–ir** → **–iḥ**)
grāmaṃ	(Ac.sg.) **grāma** (m.) 村（を）
chādayati	(3.sg.pres.P.) **√chad** (10) 覆う

10. ２人の賢者が言争う。

मुनी विवदेते । munī vivadete

munī	(N.du.) muni (m.) 二人の聖者（が）
vivadete	(3.du.pres.A.) vi-√vad (1) 言い争う

11. 友人の死によってあなた達二人は悲しむ。

मित्रस्य मृत्युना विषीदथः । mitrasya mṛtyunā viṣīdathaḥ

mitrasya	(G.sg.) mitra (n.) 友人（の）
mṛtyunā	(I.sg.) mṛtyu (m.) 死（によって）
viṣīdathaḥ	(2.du.pres.P.) vi-√sad (1) （あなたたち二人は）悲しむ

12. 彼らは荷物を頭に乗せた。

शीर्षे भारमकुर्वन् । śīrṣe bhāram akurvan

śīrṣe	(L.sg.) śīrṣa (n.) 頭（に）
śīrṣe √kṛ	**【熟語】** 頭に乗せる
bhāram	(Ac.sg.) bhāra (m.) 荷物（を）
akurvan	(3.pl.impf.P.) √kṛ (8) （彼らは）乗せた

13. 彼（猿の王）は獣の顎をもって敵達を打ちのめした。

पशोर्हन्वारीनतुदत् । paśor hanvā-arīn atudat

paśor	(G.sg.) paśu (m.) 獣（の） (-or → -oḥ)
hanvā-	(I.sg.) hanu (f.) あご（によって） (-ā- → -ā a-)
arīn	(Ac.pl.) ari (m.) 敵（を）
atudat	(3.sg.impf.P.) √tud (6) （彼は）打ちのめした

14. 私は森に住んでいた。

वनमध्यतिष्ठम् । vanam adhyatiṣṭham

vanam	(Ac.sg.) vana (n.) 森（に）
adhyatiṣṭham	(1.sg.impf.P.) adhi-√sthā (1) （私は）住んでいた。

15. 王の息子は先生の妹と結婚した。

नृपतेः पुत्रो गुरोर्भगिनीं पर्यणयत् ।

nṛpateḥ putro guror bhaginīṃ paryaṇayat

nṛpateḥ	(G.sg.) **nṛpati** (m.) 王（の）
putro	(N.sg.) **putra** (m.) 息子（は） (**–o** → **–aḥ**)
guror	(G.sg.) **guru** (m.) 先生（の） (**–or** → **–oḥ**)
bhaginīṃ	(Ac.sg.) **bhaginī** (f.) 妹（と）
paryaṇayat	(3.sg.impf.P.) **pari–√nī** (1) 結婚した

16. 友の到着を彼は考え続けた。

मित्रस्यागमे मतिमकरोत् । **mitrasya–āgame matim akarot**

mitrasya–	(G.sg.) **mitra** (n.) 友（の） (**–ā–** → **–a ā–**)
āgame	(L.sg.) **āgama** (m.) 到着（について）
matim	(Ac.sg.) **mati** (f.) 考え
akarot	(3.sg.impf.P.) **√kṛ** (8) （彼は）続けた
matim √kṛ	**【熟語】** ～について考え続ける

17. 大地に草の山々が点在する。

भूमौ तृणस्य राशयो वर्तन्ते ।

bhūmau tṛṇasya rāśayo vartante

bhūmau	(L.sg.) **bhūmi** (f.) 地上（に）
tṛṇasya	(G.sg.) **tṛṇa** (n.) 草（の）
rāśayo	(N.pl.) **rāśi** (m.) （多くの）山（々が） (**–o** → **–aḥ**)
vartante	(3.pl.pres.A.) **√vṛt** (1) 存在する

18. 誠実な人は仕事を夜に始めない。

साधुः कार्यं रात्रौ नारभते । sādhuḥ kāryaṃ rātrau na-ārabhate

sādhuḥ	(N.sg.) sādhu (m.) 誠実な人（は）
kāryaṃ	(Ac.sg.) kārya (n.) 仕事（を）
rātrau	(L.sg.) rātri (f.) 夜（に）
na-	(ind.) na 〜ない（-ā- → -a ā-）
ārabhate	(3.sg.pres.A.) ā-√rabh (1) 始める

19. 主人の好意によって召使い達は満足を得た。

प्रभोः प्रसादेन दासास्तृप्तिमलभन्त ।

prabhoḥ prasādena dāsās tṛptim alabhanta

prabhoḥ	(G.sg.) prabhu (m.) 主人（の）
prasādena	(I.sg.) prasāda (m.) 好意（によって）
dāsās	(N.pl.) dāsa (m.) 召使い（達は）（-ās → -āḥ）
tṛptim	(Ac.sg.) tṛpti (f.) 満足（を）
alabhanta	(3.pl.impf.A.) √labh (1) 得た

20. 息子は、父と母を尊敬する。

पुत्रो जनकं जननीं चाद्रियते । putro janakaṃ jananīṃ ca-ādriyate

putro	(N.sg.) putra (m.) 息子（は）（-o → -aḥ）
janakaṃ	(Ac.sg.) janaka (m.) 父（を）
jananīṃ	(Ac.sg.) jananī (f.) 母（を）
ca-	(ind.) ca 〜と〜（-ā- → -a ā-）
ādriyate	(3.sg.pres.A.) ā-√dṛ (6) 尊敬する

21. 集会において父が話した。

सभायां जनकोऽभाषत । sabhāyāṃ janako 'bhāṣata

sabhāyāṃ	(L.sg.) sabhā (f.) 集会（において）
janako	(N.sg.) janaka (m.) 父（が）（-o → -aḥ）
'bhāṣata	(3.sg.impf.A.) √bhāṣ (1) 話した（'- → a-）

22. 聖者は女性達の賢明な振舞を褒めた。

मुनिर्नारीणां नीतिमशंसत् । munir nārīṇāṃ nītim aśaṃsat

munir	(N.sg.) muni (m.) 聖者（は）（–r → –ḥ）
nārīṇāṃ	(G.pl.) nārī (f.) 女性（たちの）
nītim	(Ac.sg.) nīti (f.) 賢明な振舞（を）
aśaṃsat	(3.sg.impf.P.) √śaṃs (1) 褒めた

23. 神の力を運命と聖仙達は考える。

ईश्वरस्य शक्तिं दैवं मन्यन्त ऋषयः ।

īśvarasya śaktiṃ daivaṃ manyanta ṛṣayaḥ

īśvarasya	(G.sg.) īśvara (m.) 神（の）
śaktiṃ	(Ac.sg.) śakti (f.) 力（を）
daivaṃ	(Ac.sg.) daiva (n.) 運命（として）
manyanta	(3.pl.pres.A.) √man (4) 考える（–anta → –ante）
ṛṣayaḥ	(N.pl.) ṛṣi (m.) 聖仙（たちは）

第１０課　-(t)ṛ で終わるる男性・女性名詞；命令法

1、 -(t)ṛ で終わる男性名詞には、行為者名詞と親族名詞の二種類がある。

それらの異なりは、両数・複数の N. 格・ V. 格、単数・両数の Ac. 格にかぎられる。

それらの格で、行為者名詞の語末 ṛ は、 **vṛddhi【ār】** をとり。

親族名詞では、 **guṇa【ar】** をとる。

	dātṛ (m.)（与える者）			**pitṛ (m.)（父）**		
	sg.	du.	pl.	sg.	du.	pl.
N.	dātā	dātārau	dātāraḥ	pitā	pitarau	pitaraḥ
Ac.	dātāram	dātārau	dātṝn	pitaram	pitarau	pitṝn
I.	dātrā	dātṛbhyām	dātṛbhiḥ	pitrā	pitṛbhyām	pitṛbhiḥ
D.	dātre	dātṛbhyām	dātṛbhyaḥ	pitre	pitṛbhyām	pitṛbhyaḥ
Ab.	dātuḥ	dātṛbhyām	dātṛbhyaḥ	pituḥ	pitṛbhyām	pitṛbhyaḥ
G.	dātuḥ	dātroḥ	dātṝṇām	pituḥ	pitroḥ	pitṝṇām
L.	dātari	dātroḥ	dātṛṣu	pitari	pitroḥ	pitṛṣu
V.	dātar(ḥ)	dātārau	dātāraḥ	pitar(ḥ)	pitarau	pitaraḥ

bhartṛ（夫）や **naptṛ**（孫）は、親族名詞であるが **dātṛ** のように活用する。

たとえば Ac.sg. においては **bhartāram**，**naptāram** となる。

基礎トレーニング１

次のサンスクリット語を音読しながら書きなさい。

दाता　**dātṛ【dātā】**(m.) 与える者、施主、寄進者

कर्ता　**kartṛ【kartā】**(m.) 行為者

नेता　**netṛ【netā】**(m.) 支配者、指導者

श्रोता　**śrotṛ【śrotā】**(m.) 聴衆、聞手、聞くもの

सविता　**savitṛ【savitā】**(m.) 太陽

जेता　**jetṛ【jetā】**(m.) 征服者、勝利者

नप्ता　**naptṛ【naptā】**(m.) 孫息子

पिता　**pitṛ【pitā】**(m.) 父、親、（両数）両親

भ्राता　**bhrātṛ【bhrātā】**(m.) 兄弟

जामाता　**jāmātṛ【jāmātā】**(m.) 養子、婿

次の日本語をサンスクリット語に直しなさい。

与える者	寄進者
行為者	施主
指導者	兄弟
聴衆	聞手
太陽	父
勝利者	孫息子
養子	婿
支配者	征服者

2、 ṛ で終わる女性名詞は、すべて親族名詞である。

ṝḥ で終わる Ac. pl. 以外は pitṛ と同様に活用する。しかし、 svasṛ （姉妹）は、Ac.,pl. 以外 dātṛ （与える者）と同様の活用をする。

mātṛ（f.）（母）			svasṛ（f.）（姉妹）		
sg.	du.	pl.	sg.	du.	pl.
N. mātā	mātarau	mātaraḥ	svasā	svasārau	svasāraḥ
Ac. mātaram	mātarau	mātṝḥ	svasāram	svasārau	svasṝḥ

基礎トレーニング 2

次のサンスクリット語を音読しながら書きなさい。

दुहिता duhitṛ【duhitā】(f.) 娘

माता mātṛ【mātā】(f.) 母

ननान्दा nanāndṛ【nanāndā】(f.) 義理の姉妹

स्वसा svasṛ【svasā】(f.) 姉妹

次の日本語をサンスクリット語に直しなさい。

娘	義理の姉妹
母	姉妹
義理の姉妹	養女

3、 sandhi 規則 –ḥ（visarga）の変化

文末の s は、 visarga になる。 -- janas. = -- janaḥ. -- namathas. = -- namathaḥ.
文末の r も、 visarga になる。 -- netar. = -- netaḥ. -- mātar. = -- mātaḥ.

副詞の場合も同様である。 punar = punaḥ （再び） prātar = prātaḥ （早く）

–aḥ および –āḥ の –ḥ が、元来 –r をあらわす場合には、母音および有声子音の前では本来の r が再び現われる。［上巻 P.80 参照］
punaḥ api = punarapi
pitaḥ vadasi = pitarvadasi ［お父さん！話して］
mātaḥ induṃ paśyasi = mātarinduṃ paśyasi ［お母さん！月を見て］

この場合、語末の –r は、語頭の r– の前では消滅し、 –r の前にある短母音は延長される。
［サンディ表 参照］
induḥ rājate = indur rājate = indū rājate ［月は輝く］
prātaḥ racayasi = prātar racayasi = prātā racayasi ［早く整えなさい］

4、**命令法（Imperative）［loṭ］**

(1) 命令・助言を表現する。

(2) 願望・祝福を表現する。

(3) 可能・疑問を表現する。

(4) 否定辞 mā と共に禁止を表現する。

1人称では、話者の意志あるいは勧奨を表す。（〜したい。をしょう。）
3人称では、丁重な表現として用いられる（〜してください。）

命令法の定語幹は、今までの直説法現在の形と同じである。
語幹末の –a は、活用語尾の a– が来ると消える。

5、命令法の活用語尾

	parasmaipada				ātmanepada		
	sg.	du.	pl.		sg.	du.	pl.
1	āni	āva	āma	1	ai	āvahai	āmahai
2	---	tam	ta	2	sva	(e)īthām	dhvam
3	tu	tām	antu	3	tām	(e)ītām	antām

√budh, √man の命令法

	(P.) √budh (知る。)				(A.) √man (考える。)		
	sg.	du.	pl.		sg.	du.	pl.
1	bodhāni	bodhāva	bodhāma	1	manyai	manyāvahai	manyāmahai
2	bodha	bodhatam	bodhata	2	manyasva	manyethām	manyadhvam
3	bodhatu	bodhatām	bodhantu	3	manyatām	manyetām	manyantām

1人称 sg. の āni の n は、前に述べた sandhi 規則によって変化する。

√sṛ + āni = sara + āni = sarāṇi

√cur + āni = coraya + āni = corayāṇi

–n– の反舌音化 【内連声】

a 語幹・中性名詞の複数 (pl.) の主格 (N.) と目的格 (Ac.) に この内連声の規則が適用される。

単数 (sg.) ・具格 (I.) と複数 (pl.) ・属格 (G.) にも注意が必要である。

先行すべき音	介在を許される音		n に続く音
ṛ, ṝ, r, ṣ	母音 , k, kh, g, gh, ṅ p, ph, b, bh, m y, v, h, ṃ	n ↓ ṇ	母音 , n, m, y, v

基礎トレーニング 3

次のサンスクリット語を音読しながら書きなさい。

रथः rathaḥ 車、二輪戦車

शठः śaṭhaḥ 悪漢、狂象、詐欺師

उद्यानम् udyānam 庭、園林

प्रातर् prātar 早朝、朝

क्रोधः krodhaḥ 怒り、憤怒

लोभः lobhaḥ 貪欲

कामः kāmaḥ 欲望、願望、愛着、愛欲、愛

मोहः mohaḥ 幻影、迷妄、幻想、混乱

नाशः nāśaḥ 破壊、消滅、滅亡、損失、死

पापम् pāpam 罪、罪悪

कारणम् kāraṇam 原因

पुनर् punar 再び、しかし、これに反して、しかしながら

प्रभवति pra-√bhū【prabhavati】上がる、から生み出される、起こる

प्रवर्तते pra-√vṛt【pravartate】～に進む、前進する（+Ab.）から生じる、起こる

खण्डयति √khaṇḍ【khaṇḍayati】破壊する

次の日本語をサンスクリット語に直しなさい。

上がる	生み出される
迷妄	幻影
消滅	破壊
早朝	罪
怒り	原因
貪欲	～を進む
愛欲	願望
破壊する	庭
車	戦車
悪漢	詐欺師
再び	再度
幻想	欲望
生じる	滅亡
再び	再度

10 ポイント

新しい単語

udyānam 庭、園林

kartṛ【**kartā**】(m.) 行為者

kāmaḥ 欲望、願望、愛着、愛欲、愛

kāraṇam 原因

krodhaḥ 怒り、憤怒

jāmātṛ【**jāmātā**】(m.) 養子、婿

jetṛ【**jetā**】(m.) 勝利者、征服者

dātṛ【**dātā**】(m.) 与える者、施主、寄進者

duhitṛ【**duhitā**】(f.) 娘

nanāndṛ【**nanāndā**】(f.) 義理の姉妹、養女

naptṛ【**naptā**】(m.) 孫息子

nāśaḥ 破壊、消滅、滅亡、損失、死

netṛ【**netā**】(m.) 支配者、指導者

pāpam 罪、罪悪

pitṛ【**pitā**】(m.) 父、親、（両数）両親

punar 再び、しかし、これに反して、しかしながら

prātar 早朝、朝、夜明けに

bhrātṛ【**bhrātā**】(m.) 兄弟

mātṛ【**mātā**】(f.) 母

mohaḥ 幻影、迷妄、幻想、混乱

rathaḥ 車、二輪戦車

lobhaḥ 貪欲

śaṭhaḥ 悪漢、狂象、詐欺師

śrotṛ【**śrotā**】(m.) 聴衆、聞手、聞くもの

savitṛ【**savitā**】(m.) 太陽

svasṛ【**svasā**】(f.) 姉妹

√khaṇḍ【**khaṇḍayati**】⑩破壊する

pra-√bhū【**prabhavati**】(+Ab.) 上がる、から生み出される、起こる

pra-√vṛt【**pravartate**】～に進む、前進する（+Ab.）から生じる、起こる

トレーニング

次のサンスクリット語を日本語に直しなさい。

१ रथेन जेता गच्छतु ।

rathena jetā gacchatu

२ दुहितरो मातरं नमन्तु ।

duhitaro mātaraṃ namantu

३ नेत्रे स्वस्ति ।

netre svasti

४ शठ उद्यानात्फलान्यचोरयत् ।

śaṭha udyānāt phalāny acorayat

५ श्रोतारो गुरोर्वचनैस्तुष्यन्तु ।

śrotāro guror vacanais tuṣyantu

६ भ्रात्रा सह स्वसारं मृगयै ।

bhrātrā saha svasāraṃ mṛgayai

७ हे बाल पितरमापृच्छस्व ।

he bāla pitaram āpṛcchasva

८ हे नप्तर्मा विषीद ।

he naptar mā viṣīda

९ भार्यया सह जामाता पितुर्गृहं गच्छतु ।

bhāryayā saha jāmātā pitur gṛhaṃ gacchatu

१० दातारौ ननान्द्रे मालामयच्छताम् ।

dātārau nanāndre mālām ayacchatām

११ जीवने कर्तार एव सुखमधिगच्छन्ति ।

jīvane kartāra eva sukham adhigacchanti

१२ नेतारमनुसराम ।

netāram anusarāma

१३ प्रातः सविताकाशे रात्रिं पराजयते ।

prātaḥ savitā-ākāśe rātriṃ parājayate

१४ पुनर्मन्यध्वम् ।

punar manyadhvam

१५ लोभात् शठः पापं करोति ।

lobhāt śaṭhaḥ pāpaṃ karoti

१६ पितरं मातरं चाद्रियामहै ।

pitaraṃ mātaraṃ ca-ādriyāmahai

१७ प्रातः कार्यमारभेथाम् ।

prātaḥ kāryam ārabhethām

१८ हे श्रोतारः, पापात् निवर्तध्वम् ।

he śrotāraḥ, pāpāt nivartadhvam

१९ हे नप्तारौ, मित्राणामग्रेऽपि विवदेथे ।

he naptārau, mitrāṇām agre 'pi vivadethe

लोभात्क्रोधः प्रभवति लोभात्कामः प्रवर्तते ।

lobhāt krodhaḥ prabhavati lobhāt kāmaḥ pravartate

लोभान्मोहश्च नाशश्च लोभः पापस्य कारणम् ॥

lobhāt mohaś ca nāśaś ca lobhaḥ pāpasya kāraṇam

応用トレーニング

次の日本語をサンスクリット語に直しなさい。

1. 戦車で征服者は進め。
2. 娘たちは母を敬いなさい。
3. 支配者に 万歳！
4. 悪人は庭より果物（pl.）を盗んだ。
5. 聴衆たちは先生の言葉（pl.）を喜ぶべきだ。
6. 兄弟と一緒に姉妹を探しましょう。
7. おお、少年よ！（あなたは）父と別れなさい。
8. おお、孫息子よ！（あなたは）がっかりさせるな。
9. 妻と一緒に婿は父の家に行きなさい。
10. 二人の寄進者は義理の姉妹に花輪を与えた。
11. 人生において行動する人々のみが幸福を得る。
12. 指導者に（我々は）従おう。
13. 夜明けに、太陽は天空において夜を征服する。
14. （あなたたちは）もう一度考えなさい。
15. 貪欲のあまり悪人は罪を犯す。
16. 父と母を（我々は）うやまいましょう。
17. あなた達二人は早朝に仕事を始めなさい。
18. おお聴衆たちよ！（あなたたちは）罪をおかすなかれ。（ni-√vṛt）
19. おお二人の孫よ！あなた達二人は友達の前でさえ言争う。

貪欲より怒りが生じ、貪欲より欲望がふくらみ／

そして貪欲より迷妄と滅亡が（生まれるから）貪欲は、罪の原因となる。／

トレーニング

1. 戦車で征服者は進め。

रथेन जेता गच्छतु । rathena jetā gacchatu

rathena	(I.sg.) ratha (m.) 戦車（で）
jetā	(N.sg.) jetṛ (m.) 征服者（は）
gacchatu	(3.sg.ipv.P.) √gam (1) 進め

2. 娘たちは母を敬いなさい。

दुहितरो मातरं नमन्तु । duhitaro mātaraṃ namantu

duhitaro	(N.pl.) duhitṛ (f.) 娘（たちは）（−o → −aḥ）
mātaraṃ	(Ac.sg.) mātṛ (f.) 母（を）
namantu	(3.pl.ipv.P.) √nam (1) 敬いなさい

3. 支配者に 万歳！

नेत्रे स्वस्ति । netre svasti

netre	(D.sg.) netṛ (m.) 支配者（のために）
svasti	(ind.) svasti (adv.) 〜万歳！（＋D.）

4. 悪人は庭より果物を盗んだ。

शठ उद्यानात्फलान्यचोरयत् ।

śaṭha udyānāt phalāny acorayat

śaṭha	(N.sg.) śaṭha (m.) 悪者（は）（−a → −aḥ）
udyānāt	(Ab.sg.) udyāna (n.) 庭（より）
phalāny−	(Ac.pl.) phala (n.) 果物（を）（−āny → −āni）
acorayat	(3.sg.impf.P.) √cur (10) 盗んだ

5. 聴衆たちは先生の言葉によって喜ぶべきだ。

श्रोतारो गुरोर्वचनैस्तुष्यन्तु ।

śrotāro guror vacanais tuṣyantu

śrotāro	(N.pl.) śrotṛ (m.) 聴衆（たちは）（-o → -aḥ）
guror	(G.sg.) guru (m.) 先生（の）（-or → -oḥ）
vacanais	(I.pl.) vacana (n.) 言葉（によって）（-ais → -aiḥ）
tuṣyantu	(3.pl.ipv.P.) √tuṣ (4) 喜ぶべきだ

6. 私は兄弟と一緒に姉妹を探しましょう。

भ्रात्रा सह स्वसारं मृगयै । bhrātrā saha svasāraṃ mṛgayai

bhrātrā	(I.sg.) bhrātṛ (m.) 兄弟
saha	(ind.) saha (prep.) 〜と一緒に（+I.）
svasāraṃ	(Ac.sg.) svasṛ (f.) 姉妹（を）
mṛgayai	(1.sg.ipv.A.) √mṛg (10)（私は）探しましょう

7. おお、少年よ！（あなたは）父と別れなさい。

हे बाल पितरमापृच्छस्व ।

he bāla pitaram āpṛcchasva

he	(ind.) he おお
bāla	(V.sg.) bāla (m.) 少年（よ！）
pitaram	(Ac.sg.) pitṛ (m.) 父（と）
āpṛcchasva	(2.sg.ipv.A.) ā-√pracch (6)（あなたは）別れなさい

8. おお、孫息子よ！（あなたは）がっかりさせるな。

हे नप्तर्मा विषीद । he naptar mā viṣīda

he	(ind.) he おお
naptar	(V.sg.) naptṛ (m.) 孫息子（よ！）
mā	(ind.) mā 〜するな **［禁止を表わす］**
viṣīda	(2.sg.ipv.P.) vi-√sad (1)（あなたは）がっかりさせるな

9. 妻と一緒に婿は父の家に行きなさい。

भार्यया सह जामाता पितुर्गृहं गच्छतु ।

bhāryayā saha jāmātā pitur gṛhaṃ gacchatu

bhāryayā	(I.sg.) bhāryā (f.) 妻
saha	(ind.) saha (prep.) ～と一緒に（＋I.）
jāmātā	(N.sg.) jāmātṛ (m.) 婿（は）
pitur	(G.sg.) pitṛ (m.) 父（の） (ur → uḥ)
gṛhaṃ	(Ac.sg.) gṛha (n.) 家（に）
gacchatu	(3.sg.ipv.P.) √gam (1) 行きなさい

10. 二人の寄進者が義理の姉妹に花輪を与えた。

दातारौ ननान्द्रे मालामयच्छताम् ।

dātārau nanāndre mālām ayacchatām

dātārau	(N.du.) dātṛ (m.) 二人の寄進者（が）
nanāndre	(D.sg.) nanāndṛ (f.) 義理の姉妹（に）
mālām	(Ac.sg.) mālā (f.) 花輪（を）
ayacchatām	(3.du.impf.P.) √dā (1) 与えた

11. 人生において行動する人々のみが幸福を得る。

जीवने कर्तार एव सुखमधिगच्छन्ति ।

jīvane kartāra eva sukham adhigacchanti

jīvane	(L.sg.) jīvana (n.) 人生（において）
kartāra	(N.pl.) kartṛ (m.) 行動する人（々が） (–a → –aḥ)
eva	(ind.) eva (adv.) ～のみ
sukham	(Ac.sg.) sukha (n.) 幸福（を）
adhigacchanti	(3.pl.pres.P.) adhi–√gam (1) 得る

12. 指導者に（我々は）従おう。

नेतारमनुसराम । **netāram anusarāma**

netāram	(Ac.sg.) netṛ (m.) 指導者（に）
anusarāma	(1.pl.ipv.P.) anu–√sṛ (1) （我々は）従おう

13. 夜明けに、太陽は天空において夜を征服する。

प्रातः सविताकाशे रात्रिं पराजयते ।

prātaḥ savitā–ākāśe rātriṃ parājayate

prātaḥ	(ind.) **prātar** (adv.) 夜明けに（–aḥ → –ar）
savitā–	(N.sg.) **savitṛ** (m.) 太陽（は）（–ā– → –ā ā–）
ākāśe	(L.sg.) **ākāśa** (m.) 天空（において）
rātriṃ	(Ac.sg.) **rātri** (f.) 夜（を）
parājayate	(3.sg.pres.A.) **parā–√ji** (1) 征服する

14. （あなたたちは）もう一度考えなさい。

पुनर्मन्यध्वम् ।

punar manyadhvam

punar	(ind.) **punar** (adv.) もう一度
manyadhvam	(2.pl.ipv.A.) **√man** (4) （あなたたちは）考えなさい。

15. 貪欲のあまり悪人は罪を犯す。

लोभात् शठः पापं करोति ।

lobhāt śaṭhaḥ pāpaṃ karoti

lobhāt	(Ab.sg.) **lobha** (m.) 貪欲（から）
śaṭhaḥ	(N.sg.) **śatha** (m.) 悪人（は）
pāpaṃ	(Ac.sg.) **pāpā** (n.) 罪（を）
karoti	(3.sg.pres.P.) **√kṛ** (8) なす

16. 父と母を（我々は）うやまいましょう。

पितरं मातरं चाद्रियामहै ।

pitaraṃ mātaraṃ ca–ādriyāmahai

pitaraṃ	(Ac.sg.) **pitṛ** (m.) 父（を）
mātaraṃ	(Ac.sg.) **mātṛ** (f.) 母（を）
ca–	(ind.) **ca** ～と～（–ā– → –a ā–）
ādriyāmahai	(1.pl.ipv.A.) **ā–√dṛ** (6) （我々は）うやまいましょう

17. あなた達二人は早朝に仕事を始めなさい。

प्रातः कार्यमारभेथाम् ।

prātaḥ kāryam ārabhethām

prātaḥ	(ind.) **prātar** (adv.) 早朝に（**-aḥ** → **-ar**）
kāryam	(Ac.sg.) **kārya** (n.) 仕事（を）
ārabhethām	(2.du.ipv.A.) **ā-√rabh** (1) （あなた達二人は）始めなさい

18. おお聴衆たちよ！（あなたたちは）罪をおかすなかれ。

हे श्रोतारः, पापात् निवर्तध्वम् ।

he śrotāraḥ, pāpāt nivartadhvam

he	(ind.) **he** おお
śrotāraḥ	(V.pl.) **śrotṛ** (m.) 聴衆（たちよ！）
pāpāt	(Ab.sg.) **pāpa** (n.) 罪（を）
nivartadhvam	(2.pl.ipv.A.) **ni-√vṛt** (1) （あなたたちは）おかすなかれ（+Ab.）

19. おお二人の孫よ！あなた達二人は友達の前でさえ言争う。

हे नप्तारौ, मित्राणामग्रेऽपि विवदेथे ।

he naptārau, mitrāṇām agre 'pi vivadethe

he	(ind.) **he** おお
naptārau	(V.du.) **naptṛ** (m.) 二人の孫（よ！）
mitrāṇām	(G.pl.) **mitra** (n.) 友（達の）（**-ṇām** → **-nām**）
agre	(ind.) **agre** (prep.) 前で（+G.）
'pi	(ind.) **api** (prep.) さえ（**'-** → **a-**）
vivadethe	(2.du.pres.A.) **vi-√vad** (1) （あなた達二人は）言争う

貪欲より怒りが生じ、貪欲より欲望がふくらみ

लोभात्क्रोधः प्रभवति लोभात्कामः प्रवर्तते ।

lobhāt krodhaḥ prabhavati lobhāt kāmaḥ pravartate

lobhāt	(Ab.sg.) **lobha** (m.) 貪欲（より）
krodhaḥ	(N.sg.) **krodha** (m.) 怒り（が）
prabhavati	(3.sg.pres.P.) **pra-√bhū** (1) 生じる
lobhāt	(Ab.sg.) **lobha** (m.) 貪欲（より）
kāmaḥ	(N.sg.) **kāma** (m.) 欲望（が）
pravartate	(3.sg.pres.A.) **pra-√vṛt** (1) ふくらむ

そして貪欲より迷妄と滅亡が（生まれるから）貪欲は、罪の原因となる。

लोभान्मोहश्च नाशश्च लोभः पापस्य कारणम् ॥

lobhāt mohaś ca nāśaś ca lobhaḥ pāpasya kāraṇam

lobhāt	(Ab.sg.) **lobha** (m.) 貪欲（より）
mohaś	(N.sg.) **moha** (m.) 迷妄（-aś → -aḥ）
ca	(ind.) **ca** そして
nāśaś	(N.sg.) **nāśa** (m.) 滅亡（が）（生まれ）（-aś → -aḥ）
ca	(ind.) **ca** ～と～
lobhaḥ	(N.sg.) **lobha** (m.) 貪欲（は）
pāpasya	(G.sg.) **pāpa** (n.) 罪（の）である
kāraṇam	(N.sg.) **kāraṇa** (n.) 原因

第１１課　　多音節語幹、 ū– 女性名詞と願望法

１、多音節語幹 ū– 女性名詞

vadhū（ f. ）（嫁）

	sg.	du.	pl.
N.	vadhūḥ	vadhvau	vadhvaḥ
Ac.	vadhūm	vadhvau	vadhūḥ
I.	vadhvā	vadhūbhyām	vadhūbhiḥ
D.	vadhvai	vadhūbhyām	vadhūbhyaḥ
Ab.	vadhvāḥ	vadhūbhyām	vadhūbhyaḥ
G.	vadhvāḥ	vadhvoḥ	vadhūnām
L.	vadhvām	vadhvoḥ	vadhūṣu
V.	vadhu	vadhvau	vadhvaḥ

ū– 女性名詞は nadī と同様の形式で変化する。

nadī の i, ī, y は ū– 女性名詞では、 u, ū, v とかわる。

基 礎 ト レ ー ニ ン グ　1

次のサンスクリット語を音読しながら ４回書きなさい。

वधूः　vadhūḥ 嫁、女 、新妻

चमूः　camūḥ 軍隊

श्वश्रूः　śvaśrūḥ 義母

次の日本語をサンスクリット語に直し、声に出しながら書きなさい。

女	軍隊
軍隊	義母
義母	嫁

２、願望法〔vidhiliṅ〕（ Optative, Potential mood ）の用法

(1) 願望、要求、勧奨（１人称の場合）

(2) 規範・思案 na と共に用いられて禁止を表す。

(3) 可能性、能力、疑惑・疑問

(4) 近接未来、見込性（～かもしれない）

(5) 仮定法と共に仮定を表す。

(6) 目的あるいは結果を表す従属節に用いられる。

(7) 一般的な内容をもつ関係代名詞で表される文章に用いられる。

3、願望法の基本語尾

第 1 種活用動詞においては語幹母音 a と融合して e となる。(a ＋ ī ＝ e)

parasmaipadī			ātmanepadī		
sg.	du.	pl.	sg.	du.	pl.
1 (e)īyam	(e)īva	(e)īma	(e)īya	(e)īvahi	(e)īmahi
2 (e)īḥ	(e)ītam	(e)īta	(e)īthāḥ	(e)īyāthām	(e)īdhvam
3 (e)īt	(e)ītām	(e)īyuḥ	(e)īta	(e)īyātām	(e)īran

例　語根 √bhū　語幹 bhava ＋(語尾 3. sg. P.) īt ＝ bhavet

サンディ規則 (a ＋ ī ＝ e)

√bhū (～ になる) (P.)			√mṛg (探す) (A.)		
sg.	du.	pl.	sg.	du.	pl.
1 bhaveyam	bhaveva	bhavema	mṛgayeya	mṛgayevahi	mṛgayemahi
2 bhaveḥ	bhavetam	bhaveta	mṛgayethāḥ	mṛgayeyāthām	mṛgayedhvam
3 bhavet	bhavetām	bhaveyuḥ	mṛgayeta	mṛgayeyātām	mṛgayeran

4、願望法と命令法の用法例

(1) 命令、禁止、勧奨

jalam ānaya 水をもって来なさい。(命令法)

śiśuṃ mā pīḍaya 赤ん坊をいじめるな。(命令法)

naraḥ sadā satyaṃ vadet 人間は常に真実を話すべきだ。(願望法)

durjanānāṃ gṛhe na praviśeḥ 悪人どもの家に入るべきでない。(願望法)

(願望法では na を使う。)

(2) 願望、祈り、要求

pitur gṛhe tiṣṭhāni 父の家に住もう。 父の家にいられますように。(命令法)

mātaraṃ paśyeyur bālāḥ 少年たちは母に会いたい。(願望法)

(3) 可能、疑問

viṣaṃ bhavatu 毒があるかもしれない。 (命令法)

pāritoṣikaṃ na labhedhvam あなたたちは報酬を受け取らないかもしれない。(願望法)

(4) 仮定法において

yadi mātā nāgacchet śiśur mriyeta もし母が来なければ、赤ん坊は死ぬだろう (願望法)

√kṛ （～する） 命令法 願望法

	sg.	du.	pl.	sg.	du.	pl.
1	karavāṇi	karavāva	karavāma	kuryām	kuryāva	kuryāma
2	kuru	kurutam	kuruta	kuryāḥ	kuryātam	kuryāta
3	karotu	kurutām	kurvantu	kuryāt	kuryātām	kuryuḥ

√as （～である）現 在 過 去

	sg.	du.	pl.	sg.	du.	pl.
1	asmi	svaḥ	smaḥ	āsam	āsva	āsma
2	asi	sthaḥ	stha	āsīḥ	āstam	āsta
3	asti	staḥ	santi	āsīt	āstām	āsan

√as 命令法 願望法

	sg.	du.	pl.	sg.	du.	pl.
1	asāni	asāva	asāma	syām	syāva	syāma
2	edhi	stam	sta	syāḥ	syātam	syāta
3	astu	stām	santu	syāt	syātām	syuḥ

基 礎 ト レ ー ニ ン グ 2

次のサンスクリット語を音読しながら４回書きなさい。

ताडयति √taḍ 〔tāḍayati〕 ⑩打つ

कुप्यति √kup 〔kupyati〕 ④に怒る（＋D.）

कल्पते √kḷp 〔kalpate〕 ～に相応しい（＋D.）

उत्तिष्ठति ud-√sthā 〔uttiṣṭhati〕 起きる、立ち上がる

तोलयति √tul 〔tolayati〕 重さを同じにする、量る

आदिशति ā-√diś 〔ādiśati〕 命じる、指示する

प्रबोधति pra-√budh 〔prabodhati〕 目覚める

म्रियते √mṛ 〔mriyate〕 死ぬ

अस्ति √as 〔asti〕 ある、いる

असिः asiḥ （m.） 剣

आश्रमः	āśramaḥ 苦行者の住居、庵
औषधम्	auṣadham 薬、薬草
क्षेत्रम्	kṣetram 田畑、野原、土地、場所、国
विद्या	vidyā 知識、知恵、学問
तारा	tārā 星
दासी	dāsī 下女、女召使、侍女、女中
दुर्जनः	durjanaḥ 悪人、愚か者、無頼漢
नेत्रम्	netram 目
भयम्	bhayam 恐怖、恐れ
सत्यम्	satyam 真理、真実、誓い、約束
यदि	yadi もし～ならば
एकदा	ekadā 昔々、ある時
किन्तु	kintu しかし

次の日本語をサンスクリット語に直し、声に出しながら書きなさい。

剣	薬
苦行者の住居	庵
野原	土地
知識	田畑
星	女中
悪人	卑しき者
目	本
恐れ	もし～ならば
誓い	真実
昔々	しかし
打つ	死ぬ
～に相応しい（＋D.）	に怒る（＋D.）
重さを同じにする	量る
命じる	目覚める
ある	いる

11 ポイント

新しい単語

√as【asti】②ある、いる

asiḥ (m.) 剣

ā-√diś【ādiśati】命じる、指示する

āśramaḥ 苦行者の住居、依り所、庵

ud-√sthā【uttiṣṭhati】起きる、立ち上がる

ekadā 昔々、ある時

auṣadham 薬、薬草

kintu しかし

√kup【kupyati】④〜に怒る（+D.）

√kḷp【kalpate】①〜に相応しい（+D.）

kṣetram 田畑、野原、土地、場所、国

camūḥ 軍隊

√taḍ【tāḍayati】⑩打つ

tārā 星

√tul【tolayati】⑩重さを同じにする、量る

dāsī 下女、女召使、侍女、女中

durjanaḥ 悪人、愚か者、無頼漢

netram 目

pra-√budh【prabodhati】目覚める

bhayam 恐怖、恐れ

√mṛ【mriyate】⑥死ぬ

yadi もし〜ならば

vadhūḥ 嫁、女 、新妻

vidyā 知識、知恵、学問

śvaśrūḥ 義母

satyam 真理、真実、誓い、約束

トレーニング

次のサンスクリット語を日本語に直しなさい。

१ श्वश्रूर्वध्वै न कुप्येत् ।

śvaśrūr vadhvai na kupyet

२ मुनयोऽधितिष्ठेयुराश्रमम् ।

munayo 'dhitiṣṭheyur āśramam

३ विद्या साधूनां निधिः स्यात् ।

vidyā sādhūnāṃ nidhiḥ syāt

४ एकदा प्रातः प्राबोधं क्षेत्रेषु चागच्छम् ।

ekadā prātaḥ pra-abodhaṃ kṣetreṣu ca-agaccham

५ हे नेतरादिश, चम्वा वीराणां भयं नास्ति ।

he netar ādiśa, camvā vīrāṇāṃ bhayaṃ na-asti

६ दुर्जना विद्यायै न कल्पेरन् ।

durjanā vidyāyai na kalperan

७ हे बालौ, सर्वदा सत्यं भाषेयाथाम् ।

he bālau, sarvadā satyaṃ bhāṣeyāthām

८ असिनेव नेत्रेणर्षिर्जनानां मतीर्विध्यति ।

asinā-iva netreṇa-rṣir janānāṃ matīr vidhyati

९ उत्तिष्ठन्तु नरा नार्यश्च शत्रूणां च भयात् देशं मुञ्चन्तु ।

uttiṣṭhantu narā nāryaś ca śatrūṇāṃ ca bhayāt deśaṃ muñcantu

१० नृपतिं परितो दास्य इव चन्द्रं परितस्ताराः कम्पन्ते ।

nṛpatiṃ parito dāsya iva candraṃ paritas tārāḥ kampante

११ गुरवः शास्त्राण्यवगच्छेयुः ।

guravaḥ śāstrāṇy avagaccheyuḥ

१२ तोलयेरौषधम् ।

tolayer auṣadham

१३ पुस्तकेभ्य एव विद्यां न लभेध्वम् ।

pustakebhya eva vidyāṃ na labhedhvam

१४ यदि दुर्जना लोके जयेयुर्मुनयो भाषाया निवर्तेरन् ।

yadi durjanā loke jayeyur munayo bhāṣāyā nivarteran

१५ ताडय यदीच्छसि किन्तु पितुरादेशं स्मर ।

tāḍaya yadi-icchasi kintu pitur ādeśaṃ smara

१६ प्रातः प्रबोधेन्नरः, दुर्जनान्त्यजेत्, ईश्वरं पूजयेत्, भ्रातॄन्सान्त्वयेत्,

prātaḥ prabodhet naraḥ, durjanān tyajet, īśvaraṃ pūjayet, bhrātṝn sāntvayet,

सत्यं वदेत् : यद्येवं कुर्यान्न कदापि दुःखस्य कारणं स्यात् ।

satyaṃ vadet : yady evaṃ kuryāt na kadāpi duḥkhasya kāraṇaṃ syāt

応用トレーニング

次の日本語をサンスクリット語に直しなさい。

1. 義母は嫁を怒るべきでない。

2. 聖者たちは庵に住むべきだ。

3. 知識は有徳な人たちの宝であるべきだ。

4. ある時、朝早く私は起きて、そして田畑（pl.）に行った。

5. おお！指導者よ、「英雄達の軍には恐怖心が存在しない」と伝えなさい。

6. 悪人たちには知識は似合わないだろう。

7. 二人の少年よ！（あなたたち二人は）常に真実を語るべきだ。

8. 剣のような目によって仙人は人々の心（pl.）を見抜く。

9. 男（pl.）と女達は立ち上がれ、そして敵の恐れから国を解放してください。

10. 王のまわりの女中達のように月のまわりの星（pl.）は瞬く。

11. 先生達は、聖典（pl.）を知るべきだ。

12. あなたは、薬の重さを量ってください。

13. あなたたちは書物（pl.）のみから知識を得るべきでない。

14. もし悪人達が世の中において勝利を得るならば、聖者達は沈黙を保つであろう。

15. もしあなたが望むなら、打て！しかし、父の命令を思い起こせ。

16. 人は朝早く起きて、悪人達を捨て、神を崇め、兄弟をなぐさめ、真実を語れ、
もし、このようにするならば、不幸の原因はなくなるであろう。

トレーニング

1. 義母は嫁を怒るべきでない。

श्वश्रूर्वध्वै न कुप्येत् ।

śvaśrūr vadhvai na kupyet

śvaśrūr	(N.sg.) śvaśrū (f.) 義母（は）（–ūr → –ūḥ）
vadhvai	(D.sg.) vadhū (f.) 嫁
na	(ind.) na 〜でない
kupyet	(3.sg.opt.P.) √kup (4) 〜を怒るべき（+D.）

2. 聖者たちは庵に住むべきだ。

मुनयोऽधितिष्ठेयुराश्रमम् । munayo 'dhitiṣṭheyur āśramam

munayo	(N.pl.) muni (m.) 聖者（たちは）（–o → –aḥ）
'dhitiṣṭheyur	(3.pl.opt.P.) adhi–√sthā (1) 住むべきだ（'– → a–）（–ur → –uḥ）
āśramam	(Ac.sg.) āśrama (m.) 庵（に）

3. 知識は有徳な人たちの宝であるべきだ。

विद्या साधूनां निधिः स्यात् ।

vidyā sādhūnāṃ nidhiḥ syāt

vidyā	(N.sg.) vidyā (f) 知識（は）
sādhūnāṃ	(G.pl.) sādhu (m.) 有徳な人（達の）
nidhiḥ	(N.sg.) nidhi (m.) 宝
syāt	(3.sg.opt.P.) √as (2) 〜であるべきだ

4. ある時、朝早く私は起きて、そして田畑に行った。

एकदा प्रातः प्राबोधं क्षेत्रेषु चागच्छम् ।

ekadā prātaḥ pra-abodhaṃ kṣetreṣu ca-agaccham

ekadā	(ind.) **ekadā** (adv.) ある時
prātaḥ	(ind.) **prātar** (adv.) 朝早く (-aḥ → -ar)
prābodhaṃ	(1.sg.impf.P.) **pra-√budh** (1) (私は) 起きた
kṣetreṣu	(L.pl.) **kṣetra** (n.) 田畑 (に)
ca-	(ind.) **ca** そして (-ā- → -a a-)
agaccham	(1.sg.impf.P.) **√gam** (1) (私は) 行った

5. おお！指導者よ、(あなたは)「英雄達は軍勢に対して恐怖心を持っていない」と、伝えなさい

हे नेतरादिश, चम्वा वीराणां भयं नास्ति ।

he netar ādiśa, camvā vīrāṇāṃ bhayaṃ na-asti

he	(ind.) **he** おお！
netar	(V.sg.) **netṛ** (m.) 指導者 (よ)
ādiśa	(2.sg.ipv.P.) **ā-√diś** (6) (あなたは) 伝えなさい
camvā	(Ab.sg.) **camū** (f.) 軍勢 (に対して) (-ā → -āḥ)
vīrāṇāṃ	(G.pl.) **vīra** (m.) 英雄 (達) [は]
bhayaṃ	(N.sg.) **bhaya** (n.) 恐怖 (というものは) [を]
na-	(ind.) **na** 〜ない (-ā- → -a a-)
asti	(3.sg.pres.P.) **√as** (2) のである [もつ]

6. 悪人たちには知識は似合わないだろう。

दुर्जना विद्यायै न कल्पेरन् ।

durjanā vidyāyai na kalperan

durjanā	(N.pl.) **durjana** (m.) 悪人 (たちには) (-ā → -āḥ)
vidyāyai	(D.sg.) **vidyā** (f.) 知識 (は)
na	(ind.) **na** 〜ない
kalperan	(3.pl.opt.A.) **√kḷp** (1) 似合うだろう (+D.)

7. 二人の少年よ！（あなたたち二人は）常に真実を語るべきだ。

हे बालौ, सर्वदा सत्यं भाषेयाथाम् ।

he bālau, sarvadā satyaṃ bhāṣeyāthām

he	(ind.) **he** おお
bālau	(V.du.) **bāla** (m.) 二人の少年（たちよ！）
sarvadā	(ind.) **sarvadā** (adv.) 常に
satyaṃ	(Ac.sg.) **satya** (n.) 真実（を）
bhāṣeyāthām	(2.du.opt.A.) √**bhāṣ** (1) （あなた達二人は）語るべきだ

8. 剣のような目によって仙人は人々の心を見抜く。

असिनेव नेत्रेणर्षिर्जनानां मतीर्विध्यति ।

asinā-iva netreṇa-rṣir janānāṃ matīr vidhyati

asinā-	(I.sg.) **asi** (m.) 剣
iva	(ind.) **iva** のような
netreṇa-	(I.sg.) **netra** (n.) 目（によって）
rṣir	(N.sg.) **ṛṣi** (m.) 仙人（は） (**r-** → **ṛ-**) (**-ir** → **-iḥ**)
janānāṃ	(G.pl.) **jana** (m.) 人（々の）
matīr	(Ac.pl.) **mati** (f.) 心（を） (**-īr** → **-īḥ**)
vidhyati	(3.sg.pres.P.) √**vyadh** (4) 見抜く

9. 男と女達は立ち上がれ、そして敵の恐れから国を解放してください。

उत्तिष्ठन्तु नरा नार्यश्च शत्रूणां च भयात् देशं मुञ्चन्तु ।

uttiṣṭhantu narā nāryaś ca śatrūṇāṃ ca bhayāt deśaṃ muñcantu

uttiṣṭhantu	(3.pl.ipv.P.) **ud-**√**sthā** (1) 立ち上がれ
narā	(N.pl.) **nara** (m.) 男（たちは） (**-ā** → **-āḥ**)
nāryaś	(N.pl.) **nārī** (f.) 女（たちは） (**-aś** → **-aḥ**)
ca	(ind.) **ca** 〜と〜
śatrūṇāṃ	(G.pl.) **śatru** (m.) 敵（への）
ca	(ind.) **ca** そして
bhayāt	(Ab.sg.) **bhaya** (n.) 恐怖心（から）
deśaṃ	(Ac.sg.) **deśa** (m.) 国（を）
muñcantu	(3.pl.ipv.P.) √**muc** (6) 解放してください

10. 王のまわりの女中達のように月のまわりの星は瞬く。

नृपतिं परितो दास्य इव चन्द्रं परितस्तारा: कम्पन्ते ।

nṛpatiṃ parito dāsya iva candraṃ paritas tārāḥ kampante

nṛpatiṃ	(Ac.sg.) **nṛpati** (m.) 王
parito	(ind.) **paritas** (prep.) ～のまわりの (+Ac.) (**–o** → **–aḥ**)
dāsya	(N.pl.) **dāsī** (f.) 女中達 (**–a** → **–aḥ**)
iva	(ind.) **iva** (adv.) ～のように
candraṃ	(Ac.sg.) **candra** (m.) 月
paritas	(ind.) ～のまわりの (**–as** → **–aḥ**)
tārāḥ	(N.pl.) **tārā** (f.) 星 (は)
kampante	(3.pl.pres.A.) √**kamp** (1) 瞬く。

11. 先生達は、聖典を知るべきだ。

गुरव: शास्त्राण्यवगच्छेयु: ।

guravaḥ śāstrāṇy avagaccheyuḥ

guravaḥ	(N.pl.) **guru** (m.) 先生 (達は)
śāstrāṇy–	(Ac.pl.) **śāstra** (n.) (数々の) 聖典 (を) (**–āṇy** → **–āṇi** → **–āni**)
avagaccheyuḥ	(3.pl.opt.P.) **ava–**√**gam** (1) 知るべきだ。

12. あなたは、薬の重さを量ってください。

तोलयेरौषधम् ।

tolayer auṣadham

tolayer	(2.sg.opt.P.) √**tul** (10) (あなたは) 量ってください。 (**–er** → **–eḥ**)
auṣadham	(Ac.sg.) **auṣadha** (n.) 薬の重さ (を)

13. あなたたちは書物のみから知識を得るべきでない。

पुस्तकेभ्य एव विद्यां न लभेध्वम् ।

pustakebhya eva vidyāṃ na labhedhvam

pustakebhya	(Ab.pl.) **pustaka** (n.) 書物（から）（–a → –aḥ）
eva	(ind.) **eva** (adv.) のみ
vidyāṃ	(Ac.sg.) **vidyā** (f.) 知識（を）
na	(ind.) **na** でない
labhedhvam	(2.pl.opt.A.) √**labh** (1) （あなたたちは）得るべき

14. もし悪人達が世の中において勝利を得るならば、聖者達は言葉を（使うことを）避けるであろう。

यदि दुर्जना लोके जयेयुर्मुनयो भाषाया निवर्तेरन् ।

yadi durjanā loke jayeyur munayo bhāṣāyā nivarteran

yadi	(ind.) **yadi** (conj.) もし
durjanā	(N.pl.) **durjana** (m.) 悪人（達が）（–ā → –āḥ）
loke	(L.sg.) **loka** (m.) 世の中（において）
jayeyur	(3.pl.opt.P.) √**ji** (1) 勝利を得るならば（–ur → –uḥ）
munayo	(N.pl.) **muni** (m.) 聖者（たちは）（–o → –aḥ）
bhāṣāyā	(Ab.sg.) **bhāṣā** (f.) 言葉（を）（–ā → –āḥ）
nivarteran	(3.pl.opt.A.) **ni**–√**vṛt** (1) やめるであろう（+Ab.）

15. もしあなたが望むなら、打て！しかし、父の命令を思い起こせ。

ताडय यदीच्छसि किन्तु पितुरादेशं स्मर ।

tāḍaya yadi–icchasi kintu pitur ādeśaṃ smara

tāḍaya	(2.sg.ipv.P.) √**taḍ** (10) （あなたは）うて！
yadi–	(ind.) **yadi** (conj.) もし
icchasi	(2.sg.pres.P.) √**iṣ** (6) （あなたが）望むならば
kintu	(ind.) **kintu** しかし
pitur	(G.sg.) **pitṛ** (m.) 父（の）（–ur → –uḥ）
ādeśaṃ	(Ac.sg.) **ādeśa** (m.) 命令（を）
smara	(2.sg.ipv.P.) √**smṛ** (1) （あなたは）思い起こせ

16. 人は朝早く起きて、悪人達を捨て、神を崇め、兄弟をなぐさめ、

प्रातः प्रबोधेन्नरः, दुर्जनान्त्यजेत्, ईश्वरं पूजयेत्, भ्रातॄन्सान्त्वयेत्,

prātaḥ prabodhet naraḥ, durjanān tyajet, īśvaraṃ pūjayet, bhrātṝn sāntvayet,

prātaḥ	(ind.) **prātar** (adv.) 朝早く（**–aḥ** → **–ar**）
prabodhet	(3.sg.opt.P.) **pra–√budh** (1) 起きなさい
naraḥ	(N.sg.) **nara** (m.) 人（は）
durjanān	(Ac.pl.) **durjana** (m.) 悪人（達を）
tyajet	(3.sg.opt.P.) **√tyaj** (1) 捨てなさい
īśvaraṃ	(Ac.sg.) **īśvara** (m.) 神（を）
pūjayet	(3.sg.opt.P.) **√pūj** (10) 崇めなさい
bhrātṝn	(Ac.pl.) **bhrātṛ** (m.) 兄弟（を）
sāntvayet	(3.sg.opt.P.) **√sāntv** (10) なぐさめなさい

真実を語れ、もし、このようにするならば、不幸の原因はなくなるであろう。

सत्यं वदेत्, यद्येवं कुर्यान्न कदापि दुःखस्य कारणं स्यात् ।

satyaṃ vadet, yady evaṃ kuryāt na kadāpi duḥkhasya kāraṇaṃ syāt

satyaṃ	(Ac.sg.) **satya** (n.) 真実（を）
vadet	(3.sg.opt.P.) **√vad** (1) 語りなさい
yady–	(ind.) **yadi** (conj.) もし（**–y** → **–i**）
evaṃ	(ind.) **evam** (adv.) このように
kuryāt	(3.sg.opt.P.) **√kṛ** (8) （彼が）するならば
na	(ind.) **na** 〜ない
kadāpi	(ind.) **kadāpi** 決して
duḥkhasya	(G.sg.) **duḥkha** (n.) 不幸（の）
kāraṇaṃ	(N.sg.) **kāraṇa** (n.) 原因（は）
syāt	(3.sg.opt.P.) **√as** (2) であろう

第１２課　　-i,-u,-ṛ で終わる中性名詞と形容詞

１、 -i,-u,-ṛ で終わる中性名詞は、同じような活用変化形をとる。

	vāri (n.) (水)			madhu (n.) (蜂蜜)			dhātṛ (n.) (創造神)		
	sg.	du.	pl.	sg.	du.	pl.	sg.	du.	pl.
N.	i	iṇī	īṇi	u	unī	ūni	ṛ	ṛṇī	ṝṇi
Ac.	i	iṇī	īṇi	u	unī	ūni	ṛ	ṛṇī	ṝṇi
I.	iṇā	ibhyām	ibhiḥ	unā	ubhyām	ubhiḥ	ṛṇā	ṛbhyām	ṛbhiḥ
D.	iṇe	ibhyām	ibhyaḥ	une	ubhyām	ubhyaḥ	ṛṇe	ṛbhyām	ṛbhyaḥ
Ab.	iṇaḥ	ibhyām	ibhyaḥ	unaḥ	ubhyām	ubhyaḥ	ṛṇaḥ	ṛbhyām	ṛbhyaḥ
G.	iṇaḥ	iṇoḥ	īṇām	unaḥ	unoḥ	ūnām	ṛṇaḥ	ṛṇoḥ	ṝṇām
L.	iṇi	iṇoḥ	iṣu	uni	unoḥ	uṣu	ṛṇi	ṛṇoḥ	ṛṣu
V.	i, e	iṇī	īṇi	u, o	unī	ūni	ṛ, ar	ṛṇī	ṝṇi

名詞の活用は次のように分類される。

(1) -a, ā で終わる名詞　**kūpa** (m.), **latā** (f.), **vana** (n.)

(2) -i で終わる名詞　**muni** (m.), **mati** (f.), **vāri** (n.)

(3) -u で終わる名詞　**śiśu** (m.), **dhenu** (f.), **madhu** (n.)

(4) -ṛ で終わる名詞　**netṛ**, **pitṛ** (m.), **mātṛ** (f.), **dhātṛ** (n.)

(5) -ī で終わる名詞　**nadī** (f.)

(6) -ū で終わる名詞　**vadhū** (f.)

基礎トレーニング１

次の中性名詞のサンスクリット語を音読しながら書きなさい。

वारि　vāri 水

मधु　madhu 蜂蜜

अश्रु　aśru 涙

अम्बु　ambu 水

जानु　jānu 膝

वस्तु　vastu 事物

दारु　dāru 木材

次の日本語をサンスクリット語に直し、声に出しながら書きなさい。

膝　　　　事物

蜂蜜　　　涙

木材　　　水

2、形容詞

修飾語として使われる場合と、述語として使われる場合がある。修飾する名詞と格、数、性を同じにする。

(1) 大部分の形容詞は a で終わり、女性形は ā で、中性形は am で終わる。

形容詞	名詞		priya （大切な、可愛い））	
–a （男性形）‥‥	男性形	→	priyaḥ (m.) ‥‥	kūpaḥ (m.) 大切な井戸
–a （中性形）‥‥	中性形	→	priyam (n.) ‥‥	vanam (n.) 大切な森
–a （女性形）‥‥	女性形	→	priyā (f.) ‥‥	latā (f.) 大切な女性

priyaiḥ bālaiḥ (I. pl. m.) = priyairbālaiḥ かわいい　少年達と共に

priyayā duhitrā (I. sg. f.) かわいい　娘と共に

priye vāriṇi (L. sg. n.) 心地よい 水の中に

(2) i で終わる形容詞は次のように変化するが、

中性形においては N.Ac.V. 格以外は男性形の活用に従う場合がある。

形容詞	名詞		śuci （清い）	
–i （男性形）‥‥	男性形	→	śuciḥ (m.) ‥‥	muniḥ (m.) 清らかな聖者
–i （中性形）‥‥	中性形	→	śuci (n.) ‥‥	vāri (n.) 清水
–i （ N.Ac.V. 以外の男性形）‥‥	中性形			
–i （女性形）‥‥	女性形	→	śuciḥ (f.) ‥‥	matiḥ (f.) 純粋な心

śucyoḥ narayoḥ (G. du. m.) = śucyornarayoḥ ２人の正直な人たちの

śucyai or śucaye nadyai (D. sg. f.) 清い河に

śucinaḥ jalāt (Ab. sg. n.) = śucino jalāt ; or śuceḥ jalāt = śucerjalāt 清い水から

(3) **u** で終わる形容詞は次のように変化するが、女性形においては **nadī** の活用に従う場合もある。

形容詞　名詞　**mṛdu**　(優しい、柔らかい)

−**u**　(男性形) ‥‥男性形　→　**mṛduḥ** (m.) ‥‥　**śiśuḥ** (m.) 優しい子供

−**u**　(中性形) ‥‥中性形　→　**mṛdu** (n.) ‥‥　**madhu** (n.) 柔らかいバター

−**u**　(N. Ac. V. 以外の男性形) ‥‥中性形

−**u**　(女性形) ‥‥女性形　→　**mṛduḥ** (f.) (**mṛdu, laghu**) ‥ **dhenuḥ** (f.)

−**vī**　(**nadī** の女性形) ‥‥　女性形　→　**mṛduḥ** (f.) (**mṛdvī, laghvī**) ‥ **dhenuḥ** (f.)

中性形においても、 N. Ac. V. 格以外は男性形の活用に従う場合もある。

mṛdo kave (V. sg. m.) 麗しき 詩人よ！

mṛdvāḥ or **mṛdoḥ** or **mṛdvyāḥ mātuḥ** (G. sg. f.) 優しい母の

mṛdunā amṛtena (I. sg. n.) = **mṛdunāmṛtena** 美味なる水によって

(4) **ṛ** で終わる形容詞は次のように変化するが、女性形においては **nadī** の活用に従う

場合もある。中性形においても、 N. Ac. V. 格以外は男性形の活用に従う場合もある。

形容詞　名詞　**dātṛ**　(気前のよい)

−**ṛ**　(男性形) ‥‥男性形　→　**dātā** (m.) ‥‥　**netā** (m.)

−**ṛ**　(中性形) ‥‥中性形　→　**dātṛ** (n.) ‥‥　**dhātṛ** (n.)

−**ṛ**　(N.Ac.V. 以外の男性形) ‥‥　中性形

−**ṛ**　(女性形) ‥‥女性形　→　**dātrī** (f.) ‥‥　**nadī** (f.)

−**rī**　(**nadī** の女性形) ‥‥　女性形　→

dātṛbhyaḥ putrebhyaḥ (D.pl.m.) 気前のよい　息子達のために

dātrīṣu kanyāsu (L.pl.f.) 寛大な　娘達の中で

dātṛṇī mitre (N.du.n.) 二人の気前のよい　友達は

基礎トレーニング 2

次のサンスクリット語を音読しながら書きなさい。

अन्ध andha 盲目の

उदार udāra 名高い、高貴な、優れた

काण kāṇa 片目の

कुशल kuśala 熟達した

कृत्रिम kṛtrima みせかけの、わざとらしい

कृपण kṛpaṇa 哀れな

क्षुद्र kṣudra 卑しい

खञ्ज khañja 足の不自由な

तीव्र tīvra 鋭い、大いなる

नव nava 新しい

नित्य nitya 永遠の、常の、必須の

दुर्लभ durlabha 得難い

प्रसन्न prasanna 清浄な、好ましい、好意のある、慈悲深い、優しい

पीन pīna 膨れた、太った、丸い、たくましい

मृत mṛta 死んだ

वृद्ध vṛddha 老人、年老いた

व्याधित vyādhita 病になった、病の

हत hata 殺された

सुगन्धि sugandhi 甘い香の

सुरभि surabhi 芳香ある

शुचि śuci 純粋な、清らかな

बहु bahu 多くの

साधु sādhu 善良な、良い、よくやった

आशु āśu 速い

चारु cāru 愛らしい、素敵な、美しい

गुरु guru 重い

मृदु mṛdu 柔らかい

स्वादु svādu 甘い

दातृ dātṛ 気前のいい、寛大な

कर्तृ kartṛ 行動力のある

जेतृ jetṛ 勝利を得た

वक्तृ vaktṛ 雄弁な、話者

गन्तृ gantṛ 〜へ行く者

धातृ dhātṛ 創造神、支持者、保護者

वन्दते √vand【vandate】〜に敬意を表する、たたえる

अधिक्षिपति adhi-√kṣip【adhikṣipati】侮辱する、いじめる

पद्यते √pad【padyate】〜を取得する、落ちる

विपद्यते vi-√pad【vipadyate】失敗する、不幸になる

संपद्यते saṃ-√pad【saṃpadyate】繁栄する、成就する

次の日本語をサンスクリット語に直し、声に出しながら書きなさい。

片目の	盲目の
侮辱する	名高い
繁栄する	足の不自由な
有能な	熟達した
気前のいい	寛大な
ひどい	哀れな
小さい	卑しい
鋭い	大いなる
わざとらしい	みせかけの
得難い	新しい
永遠の	必須の
好ましい	清浄な
太った	殺された
死んだ	甘い香の
年老いた	芳香ある
病の	純粋な
多量の	多数の
善良な	徳のある
雄弁な	速い
行為の	行動力のある
甘い	勝利を得た
～を取得する	落ちる
～に敬意を表する	たたえる
失敗する	不幸になる
～へ行く者	柔らかい
素敵な	愛らしい
創造神	重い

12 ポイント

新しい単語

andha 盲目の
ambu 水
aśru 涙
āśu 速い
udāra 名高い、高貴な、優れた
kartṛ 行動力のある、行為の
kāṇa 片目の、盲目の
kuśala 熟達した、有能な
kṛtrima みせかけの、わざとらしい
kṛpaṇa 哀れな、ひどい
kṣudra 小さい、卑しい
khañja 足の不自由な
gantṛ ～へ行く者
guru 激しい、重い
cāru 愛らしい、素敵な
jānu 膝
jetṛ 勝利を得た、勝利の
tīvra 鋭い、大いなる
dātṛ 気前のいい、寛大な
dāru 木材
durlabha 得難い
dhātṛ 創造神、支持者、保護者
nava 新しい、近ごろの
nitya 常の、永遠の、必須の
pīna 膨れた、太った、丸い
prasanna 清浄な、好ましい、好意のある、慈悲深い、優しい
bahu たくさんの
madhu 蜂蜜
mṛta 死んだ
mṛdu 柔らかい、優しい
vaktṛ 雄弁な、話者
vastu 事、物
vāri 水
vṛddha 年老いた、老人
vyādhita 病の、病になった
śuci 純粋な、清らかな
sādhu 徳のある、善良な
sugandhi 甘い香の
surabhi 芳香ある
svādu 甘い
hata 殺された、打たれた

adhi-√kṣip【adhikṣipati】侮辱する、苛める
√pad【padyate】④～落ちる、行く、取得する
√vand【vandate】①～敬意を表す、たたえる
vi-√pad【vipadyate】失敗する、不幸になる
saṃ-√pad【saṃpadyate】繁栄（成就）する

トレーニング

次のサンスクリット語を日本語に直しなさい。

१ व्याधितया स्वस्रा सह गृहं गच्छेयम्

vyādhitayā svasrā saha gṛhaṃ gaccheyam

२ प्रसन्ने वारिणि पीनाः शिशवो दीव्यन्ति

prasanne vāriṇi pīnāḥ śiśavo dīvyanti

३ अन्धस्य नृपतेः कृपणे दुहितरौ व्यपद्येताम्

andhasya nṛpateḥ kṛpaṇe duhitarau vyapadyetām

४ दात्र्यै मात्रे कुशलाः पुत्रा दुर्लभं रत्नं यच्छन्तु

dātryai mātre kuśalāḥ putrā durlabhaṃ ratnaṃ yacchantu

५ तीव्रेण दुःखेन वृद्धाया नार्या नेत्राभ्यामश्रूणि द्रवन्ति

tīvreṇa duḥkhena vṛddhāyā nāryā netrābhyām aśrūṇi dravanti

६ हे स्वसः पितुर्गृहे तिष्ठेः

he svasaḥ pitur gṛhe tiṣṭheḥ

७ आशुनाश्वेन वीरः शत्रुमभ्यधावत्

āśunā-aśvena vīraḥ śatrum abhyadhāvat

८ दुर्जनः खञ्जं नरमधिक्षिपति

durjanaḥ khañjaṃ naram adhikṣipati

९ गुरून्भारान्दासाः शीर्षेऽकुर्वन्

gurūn bhārān dāsāḥ śīrṣe 'kurvan

१० साध्वी दुहिता मातरं वन्दते

sādhvī duhitā mātaraṃ vandate

११ प्रभोः समक्षं दास्यौ जानुभ्यां भूमावपतताम्

prabhoḥ samakṣaṃ dāsyau jānubhyāṃ bhūmāv apatatām

१२ चारवो लताः सुरभीणि कुसुमानि चोद्याने रोहन्ति

cāravo latāḥ surabhīṇi kusumāni ca–udyāne rohanti

१३ कृत्रिमेण क्रोधेन क्षुद्रं बालं निन्दानि

kṛtrimeṇa krodhena kṣudraṃ bālaṃ nindāni

१४ यदि नित्यानि कार्याणि कुर्या न विपद्येथाः

yadi nityāni kāryāṇi kuryā na vipadyethāḥ

१५ बहवः शिशवो मधुने स्पृहयन्ति

bahavaḥ śiśavo madhune spṛhayanti

१६ अरेस्तीव्रेणासिना हतं वीरं वन्दामहै

ares tīvreṇa–asinā hataṃ vīraṃ vandāmahai (命令)

१७ ग्रामं गन्तारो मुनयः कूपस्य स्वाद्वम्बु पिबन्तु

grāmaṃ gantāro munayaḥ kūpasya svādv–ambu pibantu (命令)

१८ नवस्य प्रासादस्य पश्चात्क्षुद्राणि गृहाणि सन्ति

navasya prāsādasya paścāt kṣudrāṇi gṛhāṇi santi

१९ कुशलो नेता बहूनि वस्तूनि लभते

kuśalo netā bahūni vastūni labhate

२० काणो दासो मृदूणां दारूणां राशिमदहत्

kāṇo dāso mṛdūṇāṃ dārūṇāṃ rāśim adahat

२१ शुचिर्मतिः सुगन्धि कुसुममिव

śucir matiḥ sugandhiṃ kusumam iva

२२ वक्त्री राज्ञी वीरान्नयतु

vaktrī rājñī vīrān nayatu

२३ जेत्रे नृपतये स्वस्ति

jetre nṛpataye svasti

२४ ग्रामस्य जना मृतानां वीराणां तनूर्नद्यास्तीरमनयन्

grāmasya janā mṛtānāṃ vīrāṇāṃ tanūr nadyās tīram anayan

२५ व्याधिताः कृपणाश्च गन्तारः कूपं निकषातिष्ठन्

vyādhitāḥ kṛpaṇāś ca gantāraḥ kūpaṃ nikaṣā atiṣṭhan

応用トレーニング

次の日本語をサンスクリット語に直しなさい。

1. 病の妹と共に私は家に行こう。

2. きれいな水の中で太った子供達が遊んでいる。

3. 盲目の王の二人の哀れな娘達は不幸になった。

4. 寛大な母親に善き息子達は得難き宝石を与えなさい。

5. 大いなる苦しみによって年老いた女の両眼より涙 (pl.) が流れる。

6. おお、妹よ！あなたは父の家にいなさい。

7. 速い馬に乗って英雄は敵を攻撃した。

8. 卑劣な人は足の不自由な人を罵る。

9. 重い荷物 (pl.) を召使い達は頭にのせた。

10. 善良な娘は母親に敬意を示す。

11. 主人の眼前で二人の召使い女は両膝を地面についた（跪いた）。

12. 愛らしい蔓草（pl.）と馨しき花（pl.）が庭に育つ。

13. みせかけの怒りによって小さな少年を（私は）とがめましょう。

14. もし、あなたがやるべき事をしていれば、あなたは失敗しないだろう。

15. 多くの赤ん坊（pl.）は蜂蜜を欲しがる。

16. 敵の鋭い剣によって殺された勇者に栄光あれ。

17. 村に行く聖者達は井戸のおいしい水を御飲みなさい。

18. 新しい宮殿のうらにみすぼらしい家（pl.）がある。

19. 有能な指導者は多量の物を獲得する。

20. 片目の召使いは柔らかい木材の山を燃やした。

21. 純粋な心は甘い香の花のようだ。

22. 雄弁な王妃は英雄たちを指導するべきだ。

23. 勝利の王に万歳！

24. 村の人々は死んだ勇者たちの身体（pl.）を川の岸に運んだ。

25. 病気になった哀れな旅人たち（gantṛ）が、井戸の近くに立っていた。

トレーニング

1. 病の妹と共に私は家に行こう。

व्याधितया स्वस्रा सह गृहं गच्छेयम्

vyādhitayā svasrā saha gṛhaṃ gaccheyam

vyādhitayā	(I.sg.) vyādhita → vyādhitā (adj.f.) 病気（の）
svasrā	(I.sg.) svasṛ (f.) 妹
saha	(ind.) saha (prep.) ～と共に（+I.）
gṛhaṃ	(Ac.sg.) gṛha (n.) 家（に）
gaccheyam	(1.sg.opt.P.) √gam (1) に行こう

2. きれいな水の中で太った子供達が遊んでいる。

प्रसन्ने वारिणि पीनाः शिशवो दीव्यन्ति

prasanne vāriṇi pīnāḥ śiśavo dīvyanti

prasanne	(L.sg.) prasanna (adj.n.) きれいな
vāriṇi	(L.sg.) vāri (n.) 水（の中で）（−iṇi → −ini）
pīnāḥ	(N.pl.) pīna (adj.m.) 太った
śiśavo	(N.pl.) śiśu (m.) 子供（達が）（−o → −aḥ）
dīvyanti	(3.pl.pres.P.) √div (4) 遊んでいる

3. 盲目の王の二人の哀れな娘達は不幸になった。

अन्धस्य नृपतेः कृपणे दुहितरौ व्यपद्येताम्

andhasya nṛpateḥ kṛpaṇe duhitarau vyapadyetām

andhasya	(G.sg.) andha (adj.m.) 盲目（の）
nṛpateḥ	(G.sg.) nṛpati (m.) 王（の）
kṛpaṇe	(N.du.) kṛpaṇa (adj.) → kṛpaṇā (adj.f.) 哀れな
duhitarau	(N.du.) duhitṛ (f.) 二人の娘（達は）
vyapadyetām	(3.du.impf.A.) vi−√pad (4) 不幸になった

4. 寛大な母親に善き息子達は得難き宝石を与えなさい。

दात्र्यै मात्रे कुशलाः पुत्रा दुर्लभं रत्नं यच्छन्तु

dātryai mātre kuśalāḥ putrā durlabhaṃ ratnaṃ yacchantu

dātryai	(D.sg.) **dātṛ** (adj.) → **dātrī** (adj.f.) 寛大な
mātre	(D.sg.) **mātṛ** (f.) 母親（に）
kuśalāḥ	(N.pl.) **kuśala** (adj.m.) 善き
putrā	(N.pl.) **putra** (m.) 息子（たちは）（–ā → –āḥ）
durlabhaṃ	(Ac.sg.) **durlabha** (adj.n.) 得難き
ratnaṃ	(Ac.sg.) **ratna** (n.) 宝石（を）
yacchantu	(3.pl.ipv.P.) √**dā** (1) 与えるべきだ

5. 大いなる苦しみによって年老いた女の両眼より涙が流れる。

तीव्रेण दुःखेन वृद्धाया नार्या नेत्राभ्यामश्रूणि द्रवन्ति

tīvreṇa duḥkhena vṛddhāyā nāryā netrābhyām aśrūṇi dravanti

tīvreṇa	(I.sg.) **tīvra** (adj.n.) 大いなる
duḥkhena	(I.sg.) **duḥkha** (n.) 苦しみ（によって）
vṛddhāyā	(G.sg.) **vṛddha** → **vṛddhā** (adj.f.) 年老いた（–ā → –āḥ）
nāryā	(G.sg.) **nārī** (f.) 女（の）（–ā → –āḥ）
netrābhyām	(Ab.du.) **netra** (n.)（両）眼（より）
aśrūṇi	(N.pl.) **aśru** (n.) 涙（が）（ūṃ → ūm）
dravanti	(3.pl.pres.P.) √**dru** (1) 流れる

6. おお、妹よ！あなたは父の家にいなさい。

हे स्वसः पितुर्गृहे तिष्ठेः

he svasaḥ pitur gṛhe tiṣṭheḥ

he	(ind.) **he** おお
svasaḥ	(V.sg.) **svasṛ** (f.) 妹よ！（–aḥ → –ar）
pitur	(G.sg.) **pitṛ** (m.) 父（の）（–ur → –uḥ）
gṛhe	(L.sg.) **gṛha** (n.) 家（の中に）
tiṣṭheḥ	(2.sg.opt.P.) √**sthā** (1)（あなたは）いたほうがいいよ

7. 速い馬に乗って英雄は敵を攻撃した。

आशुनाश्वेन वीरः शत्रुमभ्यधावत्

āśunā-aśvena vīraḥ śatrum abhyadhāvat

āśunā-	(I.sg.) āśu (adj.m.) 速い (-ā- → -ā a-)
aśvena	(I.sg.) aśva (m.) 馬 (によって)
vīraḥ	(N.sg.) vīra (m.) 英雄 (は)
śatrum	(Ac.sg.) śatru (m.) 敵 (を)
abhyadhāvat	(3.sg.impf.P.) abhi-√dhāv (1) 攻撃した

8. 卑劣な人は足の不自由な人を罵る。

दुर्जनः खञ्जं नरमधिक्षिपति

durjanaḥ khañjaṃ naram adhikṣipati

durjanaḥ	(N.sg.) durjana (m.) 卑劣な人 (は)
khañjaṃ	(Ac.sg.) khañja (adj.m.) 足の不自由な
naram	(Ac.sg.) nara (m.) 人 (を)
adhikṣipati	(3.sg.pres.P.) adhi-√kṣip (6) ののしる

9. 重い荷物を召使い達は頭にのせた。

गुरून्भारान्दासाः शीर्शेऽकुर्वन्

gurūn bhārān dāsāḥ śīrśe 'kurvan

gurūn	(Ac.pl.) guru (adj.m.) 重い
bhārān	(Ac.pl.) bhāra (m.) 荷物 (を)
dāsāḥ	(N.pl.) dāsa (m.) 召使い (たちは)
śīrśe	(L.sg.) śīrśa (n.) 頭 (に)
'kurvan	(3.pl.impf.P.) √kṛ (8) のせた ('- → a-)
śīrśe √kṛ	【熟語】 頭に乗せる

10. 善良な娘は母親に敬意を示す。

साध्वी दुहिता मातरं वन्दते

sādhvī duhitā mātaraṃ vandate

sādhvī	(N.sg.) **sādhu** → **sādhvī** (adj.f.) 善良な **(cf.1.p.110)**
duhitā	(N.sg.) **duhitṛ** (f.) 娘（は）
mātaraṃ	(Ac.sg.) **mātṛ** (f.) 母親（に）
vandate	(3.sg.pres.A.) √**vand** (1) 敬意を示す

11. 主人の眼前で二人の召使い女は両膝を地面についた（跪いた）。

प्रभोः समक्षं दास्यौ जानुभ्यां भूमावपतताम्

prabhoḥ samakṣaṃ dāsyau jānubhyāṃ bhūmāv apatatām

prabhoḥ	(G.sg.) **prabhu** (m.) 主人
samakṣaṃ	(ind.) **samakṣam** (adv.) 〜の眼前で（+ G.）
dāsyau	(N.du.) **dāsī** (f.) 二人の召使い女（は）
jānubhyāṃ	(I.du.) **jānu** (n.) （両）膝（を）
bhūmāv–	(L.sg.) **bhūmi** (f.) 地面（に） (–**āv** → –**au**)
apatatām	(3.du.impf.P.) √**pat** (1) ついた

12. 愛らしい蔓草と馨しき花が庭に育つ。

चारवो लताः सुरभीणि कुसुमानि चोद्याने रोहन्ति

cāravo latāḥ surabhīṇi kusumāni ca–udyāne rohanti

cāravo	(N.pl.) **cāru** (adj.f.) 愛らしい (–**o** → –**aḥ**)
latāḥ	(N.pl.) **latā** (f.) 蔓草（が）
surabhīṇi	(N.pl.) **surabhi** (adj.n.) かぐわしい (–**īṇi** → –**īni**)
kusumāni	(N.pl.) **kusuma** (n.) 花（が）
ca	(ind.) **ca** 〜と〜
udyāne	(L.sg.) **udyāna** (n.) 庭（に）
rohanti	(3.pl.pres.P.) √**ruh** (1) 育つ

13. みせかけの怒りによって小さな少年を（私は）とがめましょう。

कृत्रिमेण क्रोधेन क्षुद्रं बालं निन्दानि

kṛtrimeṇa krodhena kṣudraṃ bālaṃ nindāni

kṛtrimeṇa	(I.sg.) **kṛtrima** (adj.m.) みせかけの
krodhena	(I.sg.) **krodha** (m.) 怒り（によって）
kṣudraṃ	(Ac.sg.) **kṣudra** (adj.m.) 幼い
bālaṃ	(Ac.sg.) **bāla** (m.) 少年（を）
nindāni	(1.sg.ipv.P.) √**nind** (1) とがめましょう

14. もし、あなたがいつもの仕事をしていれば、あなたは失敗しないだろう。

यदि नित्यानि कार्याणि कुर्या न विपद्येथाः

yadi nityāni kāryāṇi kuryā na vipadyethāḥ

yadi	(ind.) もし
nityāni	(Ac.pl.) **nitya** (adj.n.) いつもの
kāryāṇi	(Ac.pl.) **kārya** (n.) 仕事（を）
kuryā	(2.sg.opt.P.) √**kṛ** (8) （あなたが）していれば（–ā → –āḥ）
na	(ind.) **na** ～しない
vipadyethāḥ	(2.sg.opt.A.) **vi**–√**pad** (4) （あなたは）失敗するだろう

15. 多くの赤ん坊は蜂蜜を欲しがる。

बहवः शिशवो मधुने स्पृहयन्ति

bahavaḥ śiśavo madhune spṛhayanti

bahavaḥ	(N.pl.) **bahu** (adj.m.) 多くの
śiśavo	(N.pl.) **śiśu** (m.) 赤ん坊（は）（–o → –aḥ）
madhune	(D.sg.) **madhu** (n.) 蜂蜜（を）
spṛhayanti	(3.pl.pres.P.) √**spṛh** (10) ～を好む（+ D.）

16. 敵の鋭い剣によって殺された戦士に栄光あれ。

अरेस्तीव्रेणासिना हतं वीरं वन्दामहै

ares tīvreṇa-asinā hataṃ vīraṃ vandāmahai

ares	(G.sg.) ari (m.) 敵（の） (-es → -eḥ)
tīvreṇa	(I.sg.) tīvra (adj.m.) 鋭い
asinā	(I.sg.) asi (m.) 剣（によって）
hataṃ	(Ac.sg.) hata (adj.m.) 殺された
vīraṃ	(Ac.sg.) vīra (m.) 戦士（に）
vandāmahai	(1.pl.ipv.A.) √vand (1) 栄光あれ

17. 村に行く聖者達は井戸のおいしい水を御飲みなさい。

ग्रामं गन्तारो मुनयः कूपस्य स्वाद्वम्बु पिबन्तु

grāmaṃ gantāro munayaḥ kūpasya svādv-ambu pibantu

grāmaṃ	(Ac.sg.) grāma (m.) 村（に）
gantāro	(N.pl.) gantṛ (m.) 行く (-o → -aḥ)
munayaḥ	(N.pl.) muni (m.) 聖者（たちは）
kūpasya	(G.sg.) kūpa (m.) 井戸（の）
svādv-	(Ac.sg.) svādu (adj.n.) おいしい (-dv → -du)
ambu	(Ac.sg.) ambu (n.) 水（を）
pibantu	(3.pl.ipv.P.) √pā (1) お飲みください

18. 新しい宮殿のうらにみすぼらしい家がある。

नवस्य प्रासादस्य पश्चात्क्षुद्राणि गृहाणि सन्ति

navasya prāsādasya paścāt kṣudrāṇi gṛhāṇi santi

navasya	(G.sg.) nava (adj.m.) 新しい
prāsādasya	(G.sg.) prāsāda (m.) 宮殿（の）
paścāt	(ind.) ～のうらに (+G.)
kṣudrāṇi	(N.pl.) kṣudra (adj.n.) みすぼらしい
gṛhāṇi	(N.pl.) gṛha (n.) 家（々が）
santi	(3.pl.pres.P.) √as (2) ある

19. 有能な指導者は多量の物を獲得する。

कुशलो नेता बहूनि वस्तूनि लभते

kuśalo netā bahūni vastūni labhate

kuśalo	(N.sg.) **kuśala** (adj.m.) 有能な（**–o** → **–aḥ**）
netā	(N.sg.) **netṛ** (m.) 指導者（は）
bahūni	(Ac.pl.) **bahu** (adj.n.) 多量の
vastūni	(Ac.pl.) **vastu** (n.) 物資（を）
labhate	(3.sg.pres.A.) √**labh** (1) 獲得する

20. 片目の召使いは柔らかい木片の山を燃やした。

काणो दासो मृदूणां दारूणां राशिमदहत्

kāṇo dāso mṛdūṇāṃ dārūṇāṃ rāśim adahat

kāṇo	(N.sg.) **kāṇa** (adj.m.) 片目の（**–o** → **–aḥ**）
dāso	(N.sg.) **dāsa** (m.) 召使い（は）（**–o** → **–aḥ**）
mṛdūṇāṃ	(G.pl.) **mṛdu** (adj.n.) しなやかな
dārūṇāṃ	(G.pl.) **dāru** (n.) 木片（の）
rāśim	(Ac.sg.) **rāśi** (m.) 山（を）
adahat	(3.sg.impf.P.) √**dah** (1) 燃やした

21. 純粋な心は甘い香の花のようだ。

शुचिर्मतिः सुगन्धि कुसुममिव

śucir matiḥ sugandhi kusumam iva

śucir	(N.sg.) **śuci** (adj.f.) 純粋な（**–ir** → **–iḥ**）
matiḥ	(N.sg.) **mati** (f.) 心（は）
sugandhi	(N.sg.) **sugandhi** (adj.n.) 甘い香りの
kusumam	(N.sg.) **kusuma** (n.) 花
iva	(ind.) **iva** ～のようだ

22. 雄弁な王妃は英雄たちを指導するべきだ。

वक्त्री राज्ञी वीरान्नयतु

vaktrī rājñī vīrān nayatu

vaktrī	(N.sg.) vaktṛ → vaktrī (adj.f.) 雄弁な
rājñī	(N.sg.) rājñī (f.) 王女（は）
vīrān	(Ac.pl.) vīra (m.) 英雄（達を）
nayatu	(3.sg.ipv.P.) √nī (1) 導きなさい

23. 勝利の王に万歳！

जेत्रे नृपतये स्वस्ति

jetre nṛpataye svasti

jetre	(D.sg.) jetṛ (adj.m.) 勝利の
nṛpataye	(D.sg.) nṛpati (m.) 王（に）
svasti	(ind.) svasti (prep.) 万歳！（+D.)

24. 村の人々は死んだ戦士たちの身体を川の岸に運んだ。

ग्रामस्य जना मृतानां वीराणां तनूर्नद्यास्तीरमनयन्

grāmasya janā mṛtānāṃ vīrāṇāṃ tanūr nadyās tīram anayan

grāmasya	(G.sg.) grāma (m.) 村（の）
janā	(N.pl.) jana (m.) 人（々は）（-ā → -āḥ)
mṛtānāṃ	(G.pl.) mṛta (adj.m.) 死んだ
vīrāṇāṃ	(G.pl.) vīra (m.) 戦士（たちの）
tanūr	(Ac.pl.) tanu (f.) 身体（を）（-ūr → -ūḥ)
nadyās	(G.sg.) nadī (f.) 河（の）（-ās → -āḥ)
tīram	(Ac.sg.) tīra (n.) 岸（に）
anayan	(3.pl.impf.P.) √nī (1) 運んだ

25. 病いにかかった哀れな旅人たちが、井戸の近くに立っていた。

व्याधिताः कृपणाश्च गन्तारः कूपं निकषातिष्ठन्

vyādhitāḥ kṛpaṇāś ca gantāraḥ kūpaṃ nikaṣā atiṣṭhan

vyādhitāḥ	(N.pl.) vyādhita (adj.m.) 病いにかかった
kṛpaṇāś	(N.pl.) kṛpaṇa (adj.m.) 哀れな (–āś → –āḥ)
ca	(ind.) ca ～と～
gantāraḥ	(N.pl.) gantṛ (m.) 旅人（たちが）
kūpaṃ	(Ac.sg.) kūpa (m.) 井戸
nikaṣā	(ind.) nikaṣā ～の近くに（+ Ac.）
atiṣṭhan	(3.pl.impf.P.) √sthā (1) 立っていた

第１３課　　　人称代名詞と受動態

１、人称代名詞 １人称と２人称では性の区別はない。複合語の前分として用いられる形が代表形と見なされ、 **1.sg.** mad– ，**pl.** asmad– ；**2.sg.** tvad– ，**pl.** yuṣmad–
それぞれ **Ab.** 格の形と一致する

	asmat １人称			yuṣmat ２人称		
	sg.	du.	pl.	sg.	du.	pl.
N.	aham	āvām	vayam	tvam	yuvām	yūyam
Ac.	mām	āvām	asmān	tvām	yuvām	yuṣmān
	(mā)	(nau)	(naḥ)	(tvā)	(vām)	(vaḥ)
I.	mayā	āvābhyām	asmābhiḥ	tvayā	yuvābhyām	yuṣmābhiḥ
D.	mahyam	āvābhyām	asmabhyam	tubhyam	yuvābhyām	yuṣmabhyam
	(me)	(nau)	(naḥ)	(te)	(vām)	(vaḥ)
Ab.	mat	āvābhyām	asmat	tvat	yuvābhyām	yuṣmat
G.	mama	āvayoḥ	asmākam	tava	yuvayoḥ	yuṣmākam
	(me)	(nau)	(naḥ)	(te)	(vām)	(vaḥ)
L.	mayi	āvayoḥ	asmāsu	tvayi	yuvayoḥ	yuṣmāsu

付帯辞 mā, me, nau, naḥ, tvā, te, vām, vaḥ は、
(1) 文頭または詩の行頭には立ち得ない。
(2) ca, vā, ha, aha, eva の前に用いられず、単独の V. 格の後ろにも許されない。

２、　３人称は性の区別があり指示代名詞に置き変えられる。

	(m.)			**(f.)** tad ３人称			**(n.)**		
	sg.	du.	pl.	sg.	du.	pl.	sg.	du.	pl.
N.	saḥ	tau	te	sā	te	tāḥ	tat	te	tāni
Ac.	tam	tau	tān	tām	te	tāḥ	tat	te	tāni
I.	tena	tābhyām	taiḥ	tayā	tābhyām	tābhiḥ	tena	tābhyām	taiḥ
D.	tasmai	tābhyām	tebhyaḥ	tasyai	tābhyām	tābhyaḥ	tasmai	tābhyām	tebhyaḥ
Ab.	tasmāt	tābhyām	tebhyaḥ	tasyāḥ	tābhyām	tābhyaḥ	tasmāt	tābhyām	tebhyaḥ
G.	tasya	tayoḥ	teṣām	tasyāḥ	tayoḥ	tāsām	tasya	tayoḥ	teṣām
L.	tasmin	tayoḥ	teṣu	tasyām	tayoḥ	tāsu	tasmin	tayoḥ	teṣu

(1) etad （これ）は、 tad のように変化する。 (m.) － eṣaḥ, etau, ete,

(f.) － eṣā, ete, etāḥ, (n.) － etat, ete, etāni

(2) tad, etad は、指示形容詞としても使われる。

etān aśvān apaśyam これらの馬を私は見た。

tasyāṃ nadyām apatat あの川の中に彼は落ちた。

tābhyāṃ mitrābhyāṃ kupyāmi あの友人二人と共に私は怒る。

(3) saḥ と eṣaḥ には 特別の sandhi 規則が適用される。

saḥ, eṣaḥ は すべての子音と a 以外の母音の前では sa, eṣa となる。

saḥ patati = sa patati / eṣaḥ vadati = eṣa vadati / saḥ īkṣate = sa īkṣate

a の前では so', eṣo' となる。 saḥ aham = so'ham / eṣaḥ avadat = eṣo'vadat

文の終わりに来る時のみ ḥ を保持する。 saḥ /

3、受動態【karmaṇi prayogaḥ】(**Passive voice, pass.**)

(1) 語根に接尾辞 ya を添えて語幹を作り、常に④動詞の ātmanepada の活用と同一である。

√nī → nīyate (pres.); anīyata (impf.); nīyatām (ipv.); nīyeta (opt.)

(2) ⑩動詞と使役の場合は語幹から aya を省き、受動態接尾辞 ya を添えて受動態語幹を作る。

√cur → corayate (pres.) → coryate (pass.)

(3) 語根末の i, u は 延長される。 √ji + ya = jīya-, √śru + ya = śrūya-

(4) 語根末の ā および二重母音（e, ai, o）は ī となる。 √dhā, √mā, √hā, √sthā

√dā + ya = dīya-, √gai + ya = gīya-, √pā + ya = pīya-,

(5) 語根末の ṛ は、単子音に先立たれるときは ri に、複子音に先立たれる時は ar となる。

√hṛ + ya = hriya-, √smṛ + ya = smarya-.

(6) 語根末の ṝ は īr （唇音の後では ūr ）となる。 唇音とは p, ph, b, bh, m の子音である。

√stṝ + ya = stīrya-, √pṝ + ya = pūrya-.

基 礎 ト レ ー ニ ン グ

次のサンスクリット語を音読しながら４回書きなさい。

अस्मद् asmad 私

युष्मद् yuṣmad あなた

तद् tad あれ、彼

एतद् etad これ

शर: śaraḥ 矢

सूत: sūtaḥ 御者

स्तेन: stenaḥ 泥棒、盗人

धर्म: dharmaḥ 法、正義、義務、美徳

अर्थ: arthaḥ 財産、利益、金銭、目的、意見、意味

मुक्तिः	muktiḥ (f.) 解脱
मलहारकः	malahārakaḥ 掃除人
पारिषदः	pāriṣadaḥ 宮廷人、廷臣
वधः	vadhaḥ 殺すこと、処刑、殺害、死刑
दर्शनम्	darśanam 視野、哲学、(G.) を見ること、と出会うこと
अभिधेयम्	abhidheyam 名称、～と呼ばれる
विमूढ	vimūḍha 途方に暮れた、戸惑った、困惑した
स्निह्यति	√snih【snihyati】(+L.) 愛する、愛着する
सेवते	√sev【sevate】に仕える、奉仕する
किम्	kim 何、なぜ
समीपम्	samīpam (+G.) ～の近く
कतरः	kataraḥ 2人のうちどちらか
भृशम्	bhṛśam 大いに、激しく、偉大に、立派に
निरपराध	niraparādha 罪がない、無実の、無罪の
अवलोकयति	ava-√lok【avalokayati】見る

次の日本語をサンスクリット語に直し、声に出しながら書きなさい。

私	あなた
あれ	彼
これ	何
矢	御者
泥棒	法
正義	義務
財産	金銭
解脱	利益
掃除人	宮廷人
殺すこと	出会うこと
視野	見ること
～と呼ばれる	名称
戸惑った	困惑した
罪がない	見る
仕える	奉仕する
～の近く	2人のうちどちらか
激しく	偉大に
愛する	愛着する

13 ポイント

新しい単語

abhidheyam 名称、〜と呼ばれる、という名の
arthaḥ 財産、利益、金銭、目的、意見、意味
asmad 私
etad これ
kataraḥ 2人のうちどちらか
kim 何、なぜ (I.) が何の役に立とうか
gopālaḥ ゴーパーラ
tad あれ、彼
darśanam (G.) を見ること、出会うこと、哲学
dharmaḥ 法、正義、義務、美徳
nir–aparādha 罪がない、無実の、無罪の
pāriṣadaḥ 宮廷人、廷臣
bhṛśam 大いに、激しく、偉大に、立派に
abhidheyena ｛(I.) の副詞化｝ という名の
malahārakaḥ 掃除人、清掃人
muktiḥ (f.) （〜からの）解放、解脱
vadhaḥ 殺すこと、処刑、殺害、死刑
vimūḍha （過去分詞）途方に暮れた、戸惑った、困惑した
yuṣmad あなた
śaraḥ 矢
samīpam (＋G.) 〜の近くに、の方へ、付近、面前
sumatiḥ スマティ
sūtaḥ 御者
stenaḥ 泥棒、盗人
ava–√lok【avalokayati】見る
√sev【sevate】① (＋Ac.) に仕える、奉仕する
√snih【snihyati】(＋G./L.)④愛する、好意を抱く

トレーニング

次のサンスクリット語を日本語に直しなさい。

१ एतस्मिन्देशे गोपालोऽभिधेयेन नृपतिरवसत् ।
etasmin deśe gopālo ’bhidheyena nṛpatir avasat /

२ एकदा प्रातस्तेन नगर्या मलहारकोऽदृश्यत ।
ekadā prātas tena nagaryā malahārako ’dṛśyata /

३ तस्य दर्शनेन नृपो भृशमकुप्यत्,
tasya darśanena nṛpo bhṛśam akupyat,

४ मलहारकस्य वधमादिशत् च ।
malahārakasya vadham ādiśat ca /

५ नृपतेरादेशेन निरपराधो जनो विमूढोऽभवत् ।
nṛpater ādeśena nir–aparādho jano vimūḍho ’bhavat /

६ नृपस्य सभायां सुमतिरभिधेयेन पारिषद आसीत् ।

nṛpasya sabhāyāṃ sumatir abhidheyena pāriṣada āsīt /

७ स मलहारकमभाषत --

sa malahārakam abhāṣata --

८ "वधात् पूर्वमेव मम समीपमागच्छ । त्वया वचनं भाष्यताम्" ।

"vadhāt pūrvam eva mama samīpam āgaccha/tvayā vacanaṃ bhāṣyatām"/

९ वधस्य स्थानमगच्छत् मलहारकः ।

vadhasya sthānam agacchat malahārakaḥ /

१० वधात् पूर्वं स सुमतेः समीपमागच्छत् ।

vadhāt pūrvaṃ sa sumateḥ samīpam āgacchat /

११ तं वचनमभाषत ।

taṃ vacanam abhāṣata /

१२ किन्तु तौ नृपेणादृश्येताम् ।

kintu tau nṛpeṇa-adṛśyetām /

१३ नृपतिः सुमतिमपृच्छत् --

nṛpatiḥ sumatim apṛcchat--

१४ "तेन दुर्जनेन किमभाष्यत ?"

"tena durjanena kim abhāṣyata ?"

१५ सुमतिरवदत्--

sumatir avadat--

१६ "एतत्तस्य वचनम् -- प्रातर्मया नृपोऽवालोक्यत ।

"etat tasya vacanam -- prātar mayā nṛpo 'va-alokyata /

१७ तस्य दर्शनात् मम वधो भवति ।

tasya darśanāt mama vadho bhavati /

१८ नृपेणापि प्रातरहमदृश्ये ।

nṛpeṇa-api prātar aham adṛśye /

१९ किन्तु मम दर्शनात् तस्य वधो नास्ति ।

kintu mama darśanāt tasya vadho na-asti /

२० आवयोः कतरो दुर्जनः ?”

āvayoḥ kataro durjanaḥ ?”

२१ नृप एतानि वचनान्यचिन्तयत् ।

nṛpa etāni vacanāny acintayat /

२२ क्षणादनन्तरं स क्रोधान्न्यवर्तत मलहारकं चामुञ्चत् ।

kṣaṇāt anantaraṃ sa krodhāt ny-avartata malahārakaṃ ca-amuñcat /

応用トレーニング

次の日本語をサンスクリット語に直しなさい。

1. この地方にゴーパーラと呼ばれる王が住んでいた。

2. ある時、早朝に、彼（王）は町の掃除人を見た。

3. 彼［掃除人］に出会って王は、激しく怒った。
（※インドでは朝一番に卑しきものと目を会わす事を嫌う習慣がある。）

4. そして、［王は］掃除人の処刑を命じた

5. 王の命令に罪の無い者は戸惑った。

6. 王の宮廷にスマティと呼ばれる廷臣がいた。

7. 彼（スマティ）は掃除人に話した。

8. 「処刑の前に私の近くに来なさい。あなたは、（何か）言葉を話しなさい。」

9. 処刑場に掃除人は行った。

10. 処刑の前に彼（掃除人）は、スマティの近くに来た。

11. （掃除人は）彼（スマティ）に言葉を告げた。

12. 彼ら二人を王は見たので。

13. 王はスマティに尋ねた。

14. 「その卑しき者と何を話していたのか。」

15. スマティは答えた。

16. 「これが彼の言葉です。」「早朝　私は王を見た。

17. 私が彼（王）を見たがために私の処刑がある。

18. 早朝、王もこの私を見たのです。

19. 王が私を見たにもかかわらず、彼（王）の処刑が無い（というのは、おかしい）

20. 私たち二人のうちどちらの方が悪人なのか。」
（※王の方が処刑［殺人］を犯すことになり、私に比べて悪人になるのではないか。）

21. 王はこの言葉を（聞いて）考えた。

22. 直ちに彼（王）は怒りを止めて掃除人を解き放した。

トレーニング

1. この地方にゴーパーラという名の王が住んでいた。

एतस्मिन्देशे गोपालोऽभिधेयेन नृपतिरवसत् ।

etasmin deśe gopālo 'bhidheyena nṛpatir avasat /

etasmin	(L.sg.) **etad** (pron.m.) この
deśe	(L.sg.) **deśa** (m.) 地方（に）
gopālo	(N.sg.) **gopāla** (m.) ゴーパーラ（**–o** → **–aḥ**）
'bhidheyena	(I.sg.) **abhidheya** (n.) という名の（**'–** → **a–**）
nṛpatir	(N.sg.) **nṛpati** (m.) 王（が）（**–ir** → **–iḥ**）
avasat	(3.sg.impf.P.) √**vas** (1) 住んでいた

2. ある時、早朝に、彼（王）は町の掃除人を見た。

एकदा प्रातस्तेन नगर्या मलहारकोऽदृश्यत ।

ekadā prātas tena nagaryā malahārako 'dṛśyata /

ekadā	(ind.) **ekadā** (adv.) ある時
prātas	(ind.) **prātar** (adv.) 早朝に（**–as** → **–ar**）
tena	(I.sg.) **tad** (pron.m.) 彼（によって）［は］
nagaryā	(G.sg.) **nagarī** (f.) 町（の）（**–āḥ** → **–ā**）
malahārako	(N.sg.) **malahāraka** (m.) 掃除人（は）［を］（**–o** → **–aḥ**）
'dṛśyata	(3.sg.impf.pass.) √**dṛś** (1) 見られた［見た］（**'–** → **a–**）

3. 彼［掃除人］に出会って王は、激しく怒った。

（※インドでは朝一番に卑しきものと目を会わす事を嫌う習慣がある。）

तस्य दर्शनेन नृपो भृशमकुप्यत्,

tasya darśanena nṛpo bhṛśam akupyat,

tasya	(G.sg.) **tad** (pron.m.) 彼（の）、彼［に］
darśanena	(I.sg.) **darśana** (n.) 発見（によって）、出会って
nṛpo	(N.sg.) **nṛpa** (m.) 王は（**–o** → **–aḥ**）
bhṛśam	(ind.) 激しく
akupyat	(3.sg.impf.P.) √**kup** (4) 怒った

4. そして、［王は］掃除人の処刑を命じた

मलहारकस्य वधमादिशत् च ।

malahārakasya vadham ādiśat ca /

malahārakasya	(G.sg.) malahāraka (m.) 掃除人（の）
vadham	(Ac.sg.) vadha (m.) 処刑（を）
ādiśat	(3.sg.impf.P.) ā-√diś (6) （彼は）命じた
ca	(ind.) ca そして

5. 王の命令に罪の無い人は戸惑った。

नृपतेरादेशेन निरपराधो जनो विमूढोऽभवत् ।

nṛpater ādeśena nir-aparādho jano vimūḍho 'bhavat /

nṛpater	(G.sg.) nṛpati (m.) 王（の） (-er → -eḥ)
ādeśena	(I.sg.) ādeśa (m.) 命令（によって）
nir-aparādho	(N.sg.) nir-aparādha (adj.m.) 罪のない (-o → -aḥ)
jano	(N.sg.) jana (m.) 人（は） (-o → -aḥ)
vimūḍho	(N.sg.) vimūḍha (adj.m.) 戸惑（が） (-o → -aḥ)
abhavat	(3.sg.impf.P.) √bhū (1) 生じた ('- → a-)

6. 王の宮廷にスマティと呼ばれる廷臣がいた。

नृपस्य सभायां सुमतिरभिधेयेन पारिषद आसीत् ।

nṛpasya sabhāyāṃ sumatir abhidheyena pāriṣada āsīt /

nṛpasya	(G.sg.) nṛpa (m.) 王（の）
sabhāyāṃ	(L.sg.) sabhā (f.) 宮廷（に）
sumatir	(N.sg.) sumati (m.) スマティと (-ir → -iḥ)
abhidheyena	(I.sg.) abhidheya (n.) 呼ばれる
pāriṣada	(N.sg.) pāriṣada (m.) 廷臣（が） (-a → -aḥ)
āsīt	(3.sg.impf.P.) √as (2) いた

7. 彼（スマティ）は掃除人に話した。

स मलहारकमभाषत --

sa malahārakam abhāṣata --

sa	(N.sg.) tad (pron.m.) 彼（は）
malahārakam	(Ac.sg.) malahāraka (m.) 掃除人（に）
abhāṣata	(3.sg.impf.A.) √bhāṣ (1) 話した

8. 「処刑の前に私の近くに来なさい。あなたは、（何か）言葉を話しなさい。」

"वधात् पूर्वमेव मम समीपमागच्छ । त्वया वचनं भाष्यताम्" ।

"vadhāt pūrvam eva mama samīpam āgaccha/tvayā vacanaṃ bhāṣyatām"/

vadhāt	(Ab.sg.) vadha (m.) 処刑
pūrvam	(ind.) pūrvam (adv.) ～の前に（＋Ab.)
eva	(ind.) eva ちょうど
mama	(G.sg.) asmad (pron.1.) 私
samīpam	(ind.) somīpam (adv.) ～の近くに（＋ G.)
āgaccha	(2.sg.ipv.P.) ā-√gam (1) （あなたは）来なさい
tvayā	(I.sg.) yuṣmad (pron.2.) あなた（によって）［は］
vacanaṃ	(N.sg.) vacana (n.) 言葉（は）［を］
bhāṣyatām	(3.sg.ipv.pass.) √bhāṣ (1) 話されるべきだ［喋って下さい］

9. 処刑場に掃除人は行った。

वधस्य स्थानमगच्छत् मलहारकः ।

vadhasya sthānam agacchat malahārakaḥ /

vadhasya	(G.sg.) vadha (m.) 処刑（の）
sthānam	(Ac.sg.) sthāna (n.) 場所（に）
agacchat	(3.sg.impf.P.) √gam (1) 行った
malahārakaḥ	(N.sg.) malahāraka (m.) 掃除人（は）

10. 処刑の前に彼（掃除人）は、スマティの近くに来た。

वधात् पूर्वं स सुमतेः समीपमागच्छत् ।

vadhāt pūrvaṃ sa sumateḥ samīpam āgacchat /

vadhāt	(Ab.sg.) **vadha** (m.) 処刑
pūrvaṃ	(ind.) **pūrvam** (adv.) 〜の前に（+Ab.）
sa	(N.sg.) **tad** (pron.m.) 彼（は） (sa ← saḥ)
sumateḥ	(G.sg.) **sumati** (m.) スマティ
samīpam	(ind.) **samīpam** (adv.) 〜の近くに（+ G.）
āgacchat	(3.sg.impf.P.) **ā-√gam** (1) 来た

11. （掃除人は）彼（スマティ）に言葉を告げた。

तं वचनमभाषत ।　**taṃ vacanam abhāṣata /**

taṃ	(Ac.sg.) **tad** (pron.m.) 彼（に）
vacanam	(Ac.sg.) **vacana** (n.) 言葉（を）
abhāṣata	(3.sg.impf.A.) **√bhāṣ** (1) 告げた

12. 彼ら二人を王は見たので。

किन्तु तौ नृपेणादृश्येताम् ।

kintu tau nṛpeṇa-adṛśyetām /

kintu	(ind.) **kintu** しかし
tau	(N.du.) **tad** (pron.m.) 彼ら二人（は）［を］
nṛpeṇa-	(I.sg.) **nṛpa** (m.) 王（によって）［は］
adṛśyetām	(3.du.impf.pass.) **√dṛś** (1) 見られた［見た］

13. 王はスマティに尋ねた。

नृपतिः सुमतिमपृच्छत् --　**nṛpatiḥ sumatim apṛcchat--**

nṛpatiḥ	(N.sg.) **nṛpati** (m.) 王（は）
sumatim	(Ac.sg.) **sumati** (m.) スマティ（に）
apṛcchat	(3.sg.impf.P.) **√pracch** (6) 尋ねた

14. 「その卑しき者と何を話していたのか。」

“तेन दुर्जनेन किमभाष्यत ?” “tena durjanena kim abhāṣyata ?”

tena	(I.sg.) tad (pron.m.) その
durjanena	(I.sg.) durjana (m.) 卑しき者（とともに）［は］
kim	(N.sg.) kim (pron.n.) 何（が）［を］
abhāṣyata	(3.sg.impf.pass.) √bhāṣ (1) 話されたのか［話したのか］

15. スマティは答えた。

सुमतिरवदत्-- sumatir avadat--

sumatir	(N.sg.) sumati (m.) スマティ（は）(–ir → –iḥ)
avadat	(3.sg.impf.P.) √vad (1) 答えた

16. 「これが彼の言葉です。」「早朝　私は王を見た。

“एतत्तस्य वचनम् -- प्रातर्मया नृपोऽवालोक्यत ।

“etat tasya vacanam -- prātar mayā nṛpo ’va–alokyata /

etat	(N.sg.) etad (pron.n.) これ（が）
tasya	(G.sg.) tad (pron.m.) 彼（の）
vacanam	(N.sg.) vacana (n.) 言葉（です）
prātar	(ind.) prātar (adv.) 早朝
mayā	(I.sg.) asmad (pron.1.) 私（によって）［は］
nṛpo	(N.sg.) nṛpa (m.) 王（は）［を］(–o → –aḥ)
’vālokyata	(3.sg.impf.pass.) ava–√lok (1) 見られた［見た］(’– → a–)

17. 私が彼（王）を見たがために私の処刑がある。

तस्य दर्शनात् मम वधो भवति । tasya darśanāt mama vadho bhavati /

tasya	(G.sg.) tad (pron.m.) 彼（の）
darśanāt	(Ab.sg.) darśana (n.) 見たこと（から）
mama	(G.sg.) asmad (pron.1.) 私（の）
vadho	(N.sg.) vadha (m.) 処刑（が）(–o → –aḥ)
bhavati	(3.sg.pres.P.) √bhū (1) ある［おこなわれる］

18. 早朝、王も、この私を見たのです。

नृपेणापि प्रातरहमदृश्ये ।

nṛpeṇa–api prātar aham adṛśye /

nṛpeṇa	(I.sg.) **nṛpa** (m.) 王（によって）［が］
api	(ind.) **api** ～も
prātar	(ind.) **prātar** (adv.) 早朝
aham	(N.sg.) **asmad** (pron.1.) 私（が）［を］
adṛśye	(1.sg.impf.pass.) √**dṛś** (1) 見られた［見た］

19. 王が私を見たにもかかわらず彼（王）の処刑が無い（というのは、おかしい）

किन्तु मम दर्शनात् तस्य वधो नास्ति ।

kintu mama darśanāt tasya vadho na–asti /

kintu	(ind.) **kintu** しかし
mama	(G.sg.) **asmad** (pron.1.) 私（の）
darśanāt	(Ab.sg.) **darśana** (n.) 見たこと（から）
tasya	(G.sg.) **tad** (pron.m.) 彼（の）
vadho	(N.sg.) **vadha** (m.) 処刑（は） (**–o** → **–aḥ**)
na–	(ind.) **na** ない
asti	(3.sg.pres.P.) √**as** (2) ある

20. 私たち二人のうちどちらの方が悪人なのか。」
（※王の方が処刑［殺人］を犯すことになり、私に比べて悪人になるのではないか。）

आवयोः कतरो दुर्जनः ?”

āvayoḥ kataro durjanaḥ ?”

āvayoḥ	(L.du.) **asmad** (pron.1.) 私達の二人（のうち）
kataro	(N.sg.) **katara** (pron.) どちら（の方が） (**–o** → **–aḥ**)
durjanaḥ	(N.sg.) **durjana** (m.) 卑しき者（であるのか？）

21. 王はこの言葉を（聞いて）考えた。

नृप एतानि वचनान्यचिन्तयत् ।

nṛpa etāni vacanāny acintayat /

nṛpa	(N.sg.) nṛpa (m.) 王（は） (–a → –aḥ)
etāni	(Ac.pl.) etad (pron.n.) これらの ［指示形容詞］
vacanāny–	(Ac.pl.) vacana (n.) 言葉（を） (–āny → –āni)
acintayat	(3.sg.impf.P.) √cint (10) 考えた

22. 直ちに彼（王）は怒りを止めて掃除人を解き放した。

क्षणादनन्तरं स क्रोधान्न्यवर्तत मलहारकं चामुञ्चत् ।

kṣaṇāt anantaraṃ sa krodhāt ny–avartata malahārakaṃ ca–amuñcat /

kṣaṇāt	(Ab.sg.) kṣaṇa (m.) 一瞬にして **【副詞的用法】**
anantaraṃ	(ind.) anantaram (adv.) 直ちに
sa	(N.sg.) tad (pron.m.) 彼（は）
krodhāt	(Ab.sg.) krodha (m.) 怒り（を）
nyavartata	(3.sg.impf.A.) ni–√vṛt (1) 止めた（+Ab.）
malahārakaṃ	(Ac.sg.) malahāraka (m.) 掃除人（を）
ca–	(ind.) ca そして
amuñcat	(3.sg.impf.P.) √muc (6) 解き放した

第１４課　　　　指示代名詞と受動態

１、指示代名詞（ Demonstrative Pronouns ）

idam（ m. ）これ、この　（ f. ）　（ n. ）

	m. sg.	m. du.	m. pl.	f. sg.	f. du.	f. pl.	n. sg.	n. du.	n. pl.
N.	ayam	imau	ime	iyam	ime	imāḥ	idam	ime	imāni
Ac.	imam	imau	imān	imām	ime	imāḥ	idam	ime	imāni
	(enam)	(enau)	(enān)	(enām)	(ene)	(enāḥ)	(enat)	(ene)	(enāni)
I.	anena	ābhyām	ebhiḥ	anayā	ābhyām	ābhiḥ	anena	ābhyām	ebhiḥ
	(enena)			(enayā)			(enena)		
D.	asmai	ābhyām	ebhyaḥ	asyai	ābhyām	ābhyaḥ	asmai	ābhyām	ebhyaḥ
Ab.	asmāt	ābhyām	ebhyaḥ	asyāḥ	ābhyām	ābhyaḥ	asmāt	ābhyām	ebhyaḥ
G.	asya	anayoḥ	eṣām	asyāḥ	anayoḥ	āsām	asya	anayoḥ	eṣām
		(enayoḥ)			(enayoḥ)			(enayoḥ)	
L.	asmin	anayoḥ	eṣu	asyām	anayoḥ	āsu	asmin	anayoḥ	eṣu
		(enayoḥ)			(enayoḥ)			(enayoḥ)	

２、指示代名詞 adas（ m. ）あれ、あの、それ、その　（ f. ）

	m. sg.	m. du.	m. pl.	f. sg.	f. du.	f. pl.
N.	asau	amū	amī	asau	amū	amūḥ
Ac.	amum	amū	amūn	amūm	amū	amūḥ
I.	amunā	amūbhyām	amībhiḥ	amuyā	amūbhyām	amūbhiḥ
D.	amuṣmai	amūbhyām	amībhyaḥ	amuṣyai	amūbhyām	amūbhyaḥ
Ab.	amuṣmāt	amūbhyām	amībhyaḥ	amuṣyāḥ	amūbhyām	amūbhyaḥ
G.	amuṣya	amuyoḥ	amīṣām	amuṣyāḥ	amuyoḥ	amūṣām
L.	amuṣmin	amuyoḥ	amīṣu	amuṣyām	amuyoḥ	amūṣu

（ n. ）	sg.	du.	pl.
N.	adaḥ	amū	amūni
Ac.	adaḥ	amū	amūni
I.	amunā	amūbhyām	amībhiḥ
D.	amuṣmai	amūbhyām	amībhyaḥ
Ab.	amuṣmāt	amūbhyām	amībhyaḥ
G.	amuṣya	amuyoḥ	amīṣām
L.	amuṣmin	amuyoḥ	amīṣu

(1) idam と adas は指示形容詞としても使用され、形容詞の用法に従う。

(例) ime nṛpā jayanti これらの王たちは勝つ。

amuyā nāryā nīyate bālaḥ あの婦人によって少年が導かれる。

amūni phalāni mahyaṃ rocante これらの果物は私にとって気にいる。

(2) amī (adas N.pl.m) は、特別の sandhi 規則に従う。

amī の ī は、いかなる母音とも結合しない。

(例) amī aśvāḥ, amī īkṣante

3、受動動詞の不規則形

(1) 語根末子音の前の鼻音は一般に脱落する。

基 礎 ト レ ー ニ ン グ 1

次の受動態のサンスクリット語を音読しながら4回書きなさい。

दश्यते √daṃś 【daśyate】咬む

भ्रश्यते √bhraṃś 【bhraśyate】落ちる

भज्यते √bhañj 【bhajyate】破る、粉砕する、裂く

शस्यते √śaṃs 【śasyate】報告する、語る

बध्यते √bandh 【badhyate】縛る、結ぶ

次の日本語を受動態のサンスクリット語に直し、声に出しながら書きなさい。

咬む	落ちる
破る、裂く	粉砕する
報告する	語る
縛る	結ぶ
落ちる	咬む

(2) saṃprasāraṇa の場合

基 礎 ト レ ー ニ ン グ 2

次の受動態のサンスクリット語を音読しながら4回書きなさい。

गृह्यते √grah 【gṛhyate】掴む、取る

पृच्छ्यते √pracch 【pṛcchyate】問う

इज्यते √yaj 【ijyate】祭祀する

उच्यते √vac 【ucyate】言う

उद्यते √vad 【udyate】話す

उप्यते √vap 【upyate】播く

उष्यते √vas 【uṣyate】住む

उह्यते √vah 【uhyate】運ぶ

हूयते √hve 【hūyate】呼ぶ

सुप्यते √svap 【supyate】眠る

次の日本語を受動態のサンスクリット語に直し、声に出しながら書きなさい。

言う、話す	取る、受け取る、掴む
言う	受け取る
播く	祭祀する
住む	話す
運ぶ	言う、話す
呼ぶ	播く
眠る	住む
取る	運ぶ
問う	掴む
祭祀する	眠る

(3) その他の不規則形

基礎トレーニング 3

शिष्यते √śās【śiṣyate】命令する

शय्यते √śī【śayyate】横たわる

ज्ञायते √jñā【jñāyate】知る

नन्द्यते √nand【nandyate】喜ぶ

次の日本語を受動態のサンスクリット語に直し、声に出しながら書きなさい。

命令する	横たわる
横たわる	喜ぶ
理解する	知る
喜ぶ	命令する

基礎トレーニング 4

次のサンスクリット語を音読しながら４回書きなさい。

इदम् idam これ

अदस् adas あれ

विस्मरति vi-√smṛ【vismarati】忘れる

प्रकाशते pra-√kāś【prakāśate】輝く

अधम adhama 最（悪）低な、最も下劣な

अन्तिम antima 最終の、最後の

असीम asīma (n.) 無限の、果てしない

दूतः dūtaḥ 使い、使者、伝言者

सर्पः	sarpaḥ 蛇
हरिः	hariḥ ハリ神、ヴィシュヌ神
सीता	sītā シーター
लघु	laghu 軽い
भर्ता	bhartṛ 【bhartā】 (m.) 夫、主人
आशा	āśā 願望、希望
कथा	kathā 話、物語
जिह्वा	jihvā 舌
लज्जा	lajjā 羞恥、恥、恥じらい
अत एव	ata eva それ故に、同じ理由で
अन्यथा	anyathā さもないと、別なように
अलम्	alam 十分に、非常に (+I.) は十分だ
इति	iti ～と
चिरम्	ciram (副詞) 長い間、長く
तूष्णीम्	tūṣṇīm (副詞) 沈黙して

次の日本語をサンスクリット語に直し、声に出しながら書きなさい。

これ	あれ
忘れる	輝く
下劣な	最悪の
最終の	最後の
無限の	果てしない
使者	伝言者
蛇	舌
ハリ神	シーター
夫	主人
願望	希望
話	物語
羞恥	恥
それ故に	同じ理由で
さもないと	～と
十分に	非常に
長い間	沈黙して
軽い	十分に、非常に

4、 態の変更

(1) 能動態 より 受動態 への態の変更

能動態の主語は、 I. 格に代わり。

能動態の目的語は、 N. 格に代わる。

動詞は、 parasmaipada から ātmanepada へ代わり、

主語によって人称と数は、変化する。能動態の時制と法は、維持されなければならない。

N. 格	（王は）	nṛpaḥ	nṛpeṇa	（王によって）	I. 格
能動動詞	（征服した）	ajayat	ajīyanta	（征服された）	受動動詞
Ac. 格	（敵達を）	arīn	arayaḥ	（敵達は）	N. 格
	（王は、敵達を征服した。）		（ 敵達は、王によって征服された。）		
	nṛpo 'rīn ajayat		nṛpeṇa-arayo 'jīyanta		

時制と数は保持される。 直接目的語は受動態では N. 格に置かれる。

(2) 受動態 より 能動態 への態の変更

受動態の I. 格は、 N. 格に代わり。

受動態の主語は、 目的格に代わる。

動詞は、 ātmanepada から parasmaipada へ代わり、主語によって人称と数は、変化する。

受動態の時制と法は、維持されなければならない。

I. 格（あなた達二人によって） yuvābhyām	yuvām （あなた達二人は） N. 格
N. 格（井戸は） kūpaḥ	kūpam （井戸を） Ac. 格
受動動詞 （守られるべきだ） rakṣyeta	rakṣetam （守るべきだ） 能動動詞
（あなた達二人によって井戸は守られるべきだ。）	（あなた達二人は井戸を守るべきだ。）
yuvābhyāṃ kūpo rakṣyeta	yuvāṃ kūpaṃ rakṣetam

5、受動態の用法

rājā kṣatriyaṃ hanti 王は武人を殺す。

kṣatriyo rājñā hanyate 武人は王によって殺される。

sa māṃ paśyati 彼は私を見る。

ahaṃ tena dṛśye 私は彼に見られる。

sa tvām ajahāt 彼はあなたを捨てた。

tvaṃ tena-ahīyathāḥ あなたは彼に捨てられた。

「語る」を意味する動詞が受動態で使われる時、（間接目的語）語られる対象となるものは N. 格に置く。語られることは、 Ac. 格を使う。

sa na kim apy ucyate 彼に何も語らない。

１４ ポイント

新しい単語

ata eva それ故に、同じ理由で
adas あれ
adhama 最（悪）低な、最も下劣な
antima 最終の、最後の
anyathā さもないと、別なように
alam 十分に、非常に、（+I.）は十分だ
asīma (n.) 無限の、果てしない
āśā 願望、希望
iti ～と
idam これ
kathā 物語、話
ciram （副詞）長い間 、長く
jihvā 舌
tūṣṇīm （副詞）沈黙して
dūtaḥ 使い、使者、伝言者
bhartṛ【bhartā】(m.) 主人、夫
laghu 軽い
lajjā 羞恥、恥、恥じらい
sarpaḥ 蛇
sītā シーター
hariḥ ハリ神、ヴィシュヌ神、クリシュナ神

√grah【gṛhyate】(pass) 受け取られる、掴まれる
√jñā【jñāyate】(pass) 知られる
√daṃś【daśyate】(pass) 咬まれる、噛まれる
√nand【nandyate】(pass) 喜ばれる
pra-√kāś【prakāśate】輝く、光る
√pracch【pṛcchyate】(pass) 尋ねられる
√bandh【badhyate】(pass) 縛られる、結ばれる
√bhañj【bhajyate】(pass) 破られる、粉砕される、こわされる
√bhraṃś【bhraśyate】(pass) 落とされる
√yaj【ijyate】(pass) 拝まれる、崇拝される、祭られる
√vac【ucyate】(pass) 言われる、話される
√vad【udyate】(pass) 言われる、話される
√vap【upyate】(pass) 播かれる、振りまかれる
√vas【uṣyate】(pass) 住まわれる、留まる
√vah【uhyate】(pass) 運ばれる
vi-√smṛ【vismarati】忘れる
√śaṃs【śasyate】(pass) 報告される、称賛される
√śās【śiṣyate】(pass) 命令される
√śī【śayyate】(pass) 寝かされる
√svap【supyate】(pass) 眠らされる
√hve【hūyate】(pass) 呼ばれる

トレーニング

次のサンスクリット語を日本語に直しなさい。

१ माता पुत्रं न कदापि विस्मरति

mātā putraṃ na kadā-api vismarati

२ इदमन्तिमं कुसुमं तुभ्यं यच्छामि

idam antimaṃ kusumaṃ tubhyaṃ yacchāmi

३ रामः सीतां वनेऽत्यजत्

rāmaḥ sītāṃ vane ’tyajat

४ क्षुद्रः सर्पो हरिमदशत्

kṣudraḥ sarpo harim adaśat

५ अमूं कथां कथयत

amūṃ kathāṃ kathayata

६ दूतौ नृपतेः पुत्रमानयताम्

dūtau nṛpateḥ putram ānayatām

७ नेतारं वीरैः सहानुसराम

netāraṃ vīraiḥ saha-anusarāma

८ इमं लघुं भारं वह; अन्यथा प्रभुस्त्वां ताडयेत्

imaṃ laghuṃ bhāraṃ vaha; anyathā prabhus tvāṃ tāḍayet

९ कन्याया वधोऽधमेन नरेणादिश्यते

kanyāyā vadho 'dhamena nareṇa-ādiśyate

१० मम वचनानि यदि यूयमवगच्छेत यूयमाशां न त्यजेत

mama vacanāni yadi yūyam avagaccheta yūyam āśāṃ na tyajeta

११ वयं रामं वीरं मन्यामहे

vayaṃ rāmaṃ vīraṃ manyāmahe

१२ त्वं पापमकरोः, अत एवाहं त्वां निन्दामि

tvaṃ pāpam akaroḥ, ata eva-ahaṃ tvāṃ nindāmi

१३ स्तेनेन बहूनि रत्नान्यचोर्यन्त

stenena bahūni ratnāny acoryanta

१४ दुर्जनानां धनं विधिना ह्रियतामिति सुमतिनोद्यते

durjanānāṃ dhanaṃ vidhinā hriyatām iti sumatinā-udyate

१५ चिरं प्रासादमधितिष्ठ

ciraṃ prāsādam adhitiṣṭha

१६ हे बालौ, युवामाचार्यं तूष्णीं सेवेयाथाम्

he bālau, yuvām ācāryaṃ tūṣṇīṃ seveyāthām

応用トレーニング

1. 母は子供を決して忘れない。
2. この最後の花を私は君にあげよう。
3. ラーマはシーターを森に置き去りにした。
4. 小さい蛇がハリにかみついた。
5. あなたたちはあの話を語りなさい。
6. 二人の使者は王の子供を連れて来た。
7. 戦士たちと共に指導者について行こう。
8. この軽い荷物を運びなさい、さもないと主人はあなたを打ちのめすであろう。
9. 少女の処刑は最低の者によって命ぜられる。
10. もし私の言葉 (pl.) をあなたたちが知れば、あなたたちは希望を捨てないだろう。
11. 我々はラーマを英雄と考えている。
12. あなたは罪を犯した、だから私はあなたを咎めるのです。
13. 泥棒によって多くの宝石が盗まれた。
14. 悪人たちの財宝は運命によって持ち去られるであろうと、スマティによって話される。
15. 長い間　宮殿にとどまれ。
16. おい、少年二人よ！あなたたち二人は先生に静かに仕えなさい。

トレーニング

1. 母は子供を決して忘れない。

माता पुत्रं न कदापि विस्मरति

mātā putraṃ na kadā-api vismarati

mātā	(N.sg.) mātṛ (f.) 母（は）
putraṃ	(Ac.sg.) putra (m.) 子供（を）
na	(ind.) na 〜ない
kadāpi	(ind.) 決して
vismarati	(3.sg.pres.P.) vi-√smṛ (1) 忘れる

2. この最後の花を私は君にあげよう。

इदमन्तिमं कुसुमं तुभ्यं यच्छामि

idam antimaṃ kusumaṃ tubhyaṃ yacchāmi

idam	(Ac.sg.) idam (pron.n.) この
antimaṃ	(Ac.sg.) antima (adj.n.) 最後の
kusumaṃ	(Ac.sg.) kusuma (n.) 花（を）
tubhyaṃ	(D.sg.) yuṣmad (pron.2.) 君（に）
yacchāmi	(1.sg.pres.P.) √dā (1) （私は）あげよう

3. ラーマはシーターを森に置き去りにした。

रामः सीतां वनेऽत्यजत्

rāmaḥ sītāṃ vane 'tyajat

rāmaḥ	(N.sg.) rāma (m.) ラーマ（は）
sītāṃ	(Ac.sg.) sītā (f.) シーター（を）
vane	(L.sg.) vana (n.) 森（に）
'tyajat	(3.sg.impf.P.) √tyaj (1) 置き去りにした ('- → a-)

4. 小さい蛇がハリにかみついた。

क्षुद्रः सर्पो हरिमदशत्
kṣudraḥ sarpo harim adaśat

kṣudraḥ	(N.sg.) kṣudra (adj.m.) 小さい
sarpo	(N.sg.) sarpa (m.) 蛇（が） (–o ← –aḥ)
harim	(Ac.sg.) hari (m.) ハリ（に）
adaśat	(3.sg.impf.P.) √daṃś (1) かみついた

5. あなたたちはあの話を語りなさい。

अमूं कथां कथयत amūṃ kathāṃ kathayata

amūṃ	(Ac.sg.) adas (pron.f.) あの (–ūṃ ← –ūm)
kathāṃ	(Ac.sg.) kathā (f.) 話（を）
kathayata	(2.pl.ipv.P.) √kath (10) （あなたたちは）語れ

6. 二人の使者は王の子供を連れて来た。

दूतौ नृपतेः पुत्रमानयताम्
dūtau nṛpateḥ putram ānayatām

dūtau	(N.du.) dūta (m.) 二人の使者（は）
nṛpateḥ	(G.sg.) nṛpati (m.) 王（の）
putram	(Ac.sg.) putra (m.) 子供（を）
ānayatām	(3.du.impf.P.) ā–√nī (1) 連れてきた

7. 戦士たちと共に指導者について行こう。

नेतारं वीरैः सहानुसराम

netāraṃ vīraiḥ saha-anusarāma

netāraṃ	(Ac.sg.) **netṛ** (m.) 指導者（に）
vīraiḥ	(I.pl.) **vīra** (m.) 戦士たち
saha-	(ind.) **saha** (prep.) ～と共に（+I.）(-ā- → -a a-)
anusarāma	(1.pl.ipv.P.) **anu-√sṛ** (1) ついて行こう

8. この軽い荷物を運びなさい。さもないと主人はあなたを打ちのめすであろう。

इमं लघुं भारं वह। अन्यथा प्रभुस्त्वां ताडयेत्

imaṃ laghuṃ bhāraṃ vaha/ anyathā prabhus tvāṃ tāḍayet

imaṃ	(Ac.sg.) **idam** (pron.m.) この
laghuṃ	(Ac.sg.) **laghu** (adj.m.) 軽い
bhāraṃ	(Ac.sg.) **bhāra** (m.) 荷物（を）
vaha	(2.sg.ipv.P.) **√vah** (1) 運びなさい
anyathā	(ind.) **anyathā** さもないと
prabhus	(N.sg.) **prabhu** (m.) 主人（は）(-us → -uḥ)
tvāṃ	(Ac.sg.) **yuṣmad** (pron.2.) あなた（を）
tāḍayet	(3.sg.opt.P.) **√taḍ** (10) 打ちのめすであろう

9. 少女の処刑は最低の者によって命ぜられる。

कन्याया वधोऽधमेन नरेणादिश्यते

kanyāyā vadho 'dhamena nareṇa-ādiśyate

kanyāyā	(G.sg.) **kanyā** (f.) 少女（の）(-ā → -āḥ)
vadho	(N.sg.) **vadha** (m.) 処刑（は）[を] (-o → -aḥ)
'dhamena	(I.sg.) **adhama** (adj.m.) 最低の ('- → a-)
nareṇa-	(I.sg.) **nara** (m.) 者（によって）[が]
ādiśyate	(3.sg.pres.pass.) **ā-√diś** (6) 命ぜられる [命じる]

10. もし私の言葉をあなたたちが知れば、あなたたちは希望を捨てないだろう。

मम वचनानि यदि यूयमवगच्छेत यूयमाशां न त्यजेत

mama vacanāni yadi yūyam avagaccheta yūyam āśāṃ na tyajeta

mama	(G.sg.) asmat (pron.1.) 私（の）
vacanāni	(Ac.pl.) vacana (n.) 言葉（を）
yadi	(ind.) yadi もし
yūyam	(N.pl.) yuṣmad (pron.2.) あなた（たちが）
avagaccheta	(2.pl.opt.P.) ava-√gam (1) 知るならば
yūyam	(N.pl.) yuṣmad (pron.2.) あなた（たちは）
āśāṃ	(Ac.sg.) āśā (f.) 希望（を）
na	(ind.) na 〜ない
tyajeta	(2.pl.opt.P.) √tyaj (1) 捨てるだろう

11. 我々はラーマを英雄と考えている。

वयं रामं वीरं मन्यामहे

vayaṃ rāmaṃ vīraṃ manyāmahe

vayaṃ	(N.pl.) asmad (pron.1.) 我（々は）
rāmaṃ	(Ac.sg.) rāma (m.) ラーマ（を）
vīraṃ	(Ac.sg.) vīra (m.) 英雄（と）
manyāmahe	(1.pl.pres.A.) √man (4) 考えている

12. あなたは罪を犯した、だから私はあなたを咎めるのです。

त्वं पापमकरोः, अत एवाहं त्वां निन्दामि

tvaṃ pāpam akaroḥ, ata eva-ahaṃ tvāṃ nindāmi

tvaṃ	(N.sg.) yuṣmad (pron.2.) あなた（は）
pāpam	(Ac.sg.) pāpa (n.) 罪（を）
akaroḥ	(2.sg.impf.P.) √kṛ (8) 犯した
ata	(ind.) atas だから（-as → -aḥ → -a）
eva-	(ind.) eva こそ（-ā- → -a a-）
ahaṃ	(N.sg.) asmad (pron.1.) 私（は）
tvāṃ	(Ac.sg.) yuṣmad (pron.2.) あなた（を）
nindāmi	(1.sg.pres.P.) √nind (1) 咎めるのです

13. 泥棒によって多くの宝石が盗まれた。

स्तेनेन बहूनि रत्नान्यचोर्यन्त

stenena bahūni ratnāny acoryanta

stenena	(I.sg.) stena (m.) 泥棒（によって）［が］
bahūni	(N.pl.) bahu (adj.n.) 多くの
ratnāny-	(N.pl.) ratna (n.) 宝石（が）［を］（-āny ← -āni）
acoryanta	(3.pl.impf.pass.) √cur (10) 盗まれた［盗んだ］

14. 悪人たちの財宝は運命によって持ち去られるであろうと、スマティによって話される。

दुर्जनानां धनं विधिना ह्रियतामिति सुमतिनोद्यते

durjanānāṃ dhanaṃ vidhinā hriyatām iti sumatinā-udyate

durjanānāṃ	(G.pl.) durjana (m.) 悪人（たちの）
dhanaṃ	(N.sg.) dhana (n.) 財宝（は）［を］
vidhinā	(I.sg.) vidhi (m.) 運命（によって）［が］
hriyatām	(3.sg.ipv.pass.) √hṛ (1) 持ち去られるであろう［持ち去るであろう］
iti	(ind.) iti と言って
sumatinā-	(I.sg.) sumati (m.) スマティ（によって）［が］
udyate	(3.sg.pres.pass.) √vad (2) 語られる［語る］

15. 長い間　宮殿にとどまれ。

चिरं प्रासादमधितिष्ठ　ciraṃ prāsādam adhitiṣṭha

ciraṃ	(ind.) ciram 長い間
prāsādam	(Ac.sg.) prāsāda (m.) 宮殿（に）
adhitiṣṭha	(2.sg.ipv.P.) adhi-√sthā (1) とどまれ

16. おい、少年二人よ！あなたたち二人は先生に静かに仕えなさい。

हे बालौ, युवामाचार्यं तूष्णीं सेवेयाथाम्
he bālau, yuvām ācāryaṃ tūṣṇīṃ seveyāthām

he	(ind.) he おい
bālau	(V.du.) bāla (m.) 少年二人（よ！）
yuvām	(N.du.) yuṣmad (pron.2.) あなたたち二人（は）
ācāryaṃ	(Ac.sg.) ācārya (m.) 先生（に）
tūṣṇīṃ	(ind.) tūṣṇīm 静かに
seveyāthām	(2.du.opt.A.) √sev (1) 仕えなさい

力　だ　め　し

基　礎　ト　レ　ー　ニ　ン　グ

次のサンスクリット語を音読しながら書きなさい。

शस्त्रम् śastram 武器、武道
प्रतिपत्तिः pratipattiḥ (f.) 獲得、会得、理解、栄誉
हास्यम् hāsyam あざけり、笑いぐさ
वृद्धत्वम् vṛddhatvam 老年
चक्रम् cakram 車輪、輪、ヴィシュヌ神の円盤
गतिः gatiḥ (f.) 移動、動くこと、動作、行進、行くこと
पुरुषकारः puruṣakārah 人の努力
उद्यमः udyamaḥ 努力
मनोरथः manorathaḥ 願望、願い、欲求
मृगः mṛgaḥ 鹿、獣
कौन्तेयः kaunteyaḥ アルジュナ
सख्यम् sakhyam 友情、交友
प्रीतिः prītiḥ (f.) 愛情、好意、歓喜
अङ्गारः aṅgāraḥ 炭、汚点
गानम् gānam 歌
आद्य ādya 第一の
द्वितीय dvitīya 第二の
एक eka 一つの、片側の
सुप्त supta （過去分詞）眠った、眠っている
दरिद्र daridra 貧しい者、貧しい
पथ्य pathya ふさわしい、適切な、有益な、きわめて当然で適当な
निरुज niruja 健康な
उष्ण uṣṇa 熱い
शीत śīta （過去分詞）冷えた、涼しい、寒い
कृष्ण kṛṣṇa 黒い、青黒の
श्वेत śveta 白い
रक्त rakta 赤い
पीत pīta 黄色の
नील nīla 青い、黒ずんだ
हरित harita 緑色の
हि hi 実に、というのは、何故なら～だから

यथा तथा	**yathā tathā** （不変化詞）〜のように、のごとく
समम्	**samam** （不変化詞）〜と共に、に対する、との（＋I.）
दिवा	**divā** （副詞）昼間に、日中には
नक्तम्	**naktam** （副詞）夜に
रहसि	**rahasi** （副詞）密かに
वृथा	**vṛthā** （副詞）空しく、無益に
ह्यः	**hyaḥ** （不変化詞）昨日
श्वः	**śvaḥ** （不変化詞）明日、翌日
शनैः	**śanaiḥ** （不変化詞）徐々に、ゆっくり
सपदि	**sapadi** （不変化詞）一度に、たちまち
सहसा	**sahasā** （不変化詞）突然、思いがけずに
सकृत्	**sakṛt** （不変化詞）一度
कदापि	**kadāpi** いつでも
प्रयच्छति	**pra-√dā**【**prayacchati**】（＋D.G.L.）施す、に与える
कारयति	**√kṛ**【**kārayati**】(caus) なさせる、結ばす
कृष्णायते	**√kṛṣṇāya**【**kṛṣṇāyate**】黒くさせる
सिध्यति	**√sidh**【**sidhyati**】成就する、達成する、実を結ぶ、成功する
सहते	**√sah**【**sahate**】耐える
शिक्षते	**√śikṣ**【**śikṣate**】学ぶ
वर्धते	**√vṛdh**【**vardhate**】増える、増す
वेपते	**√vep**【**vepate**】震える、おののく
लुट्यति	**√luṭ**【**luṭyati**】転げ回る
भरति	**√bhṛ**【**bharati**】養う、支える

次の日本語をサンスクリット語に直し、声に出しながら書きなさい。

武器	武道
栄誉	青い
あざけり	笑いぐさ
老年	いつも
車輪	輪
移動	〜のように
〜に対する	〜と共に
〜との	昼間に
願望	願い

鹿	密かに
アルジュナ	空しく
友情	交友
愛情	好意
歓喜	徐々に
歌	一度に
第一の	突然
第二の	一度
一つの	片側の
眠っている	施す
貧しい	貧しい者
相応しい	黒くさせる
健康な	成功する
熱い	耐える
涼しい	寒い
増える	増す
白い	震える
赤い	転げ回る
養う	支える
飢え	空腹
黒い	学ぶ
なさせる	結ばす
緑色の	黄色の
というのは	何故なら～だから
夜に	人の努力
昨日	明日
炭	努力

ポイント

新しい単語

aṅgāraḥ 炭、汚点

ādya 第一の

udyamaḥ 努力

uṣṇa 熱い

eka 一つの、片側の

kadāpi いつでも

√**kṛ**【**kārayati**】(caus) ⑧なさせる、結ばす

kṛṣṇa 黒い、青黒の

√**kṛṣṇāya**【**kṛṣṇāyate**】黒くさせる

kaunteyaḥ アルジュナ （クンティー姫の子）

gatiḥ (f.) 移動、動作、行進、行くこと
gānam 歌
cakram 車輪、輪、ヴィシュヌ神の円盤
daridra 貧しい、貧しい者
divā （不変化詞）昼間に、日中には
dvitīya 第二の
naktam （不変化詞）夜に
nīruja (niruja) 健康な
nīla 青い、黒ずんだ
pathya ふさわしい、適切である
pīta 黄色の
puruṣakāraḥ 人の努力
pratipattiḥ (f.) 獲得、会得、理解、栄誉
pra-√dā【prayacchati】施す、に与える
prītiḥ (f.) 愛情、好意、歓喜
√bhṛ【bharati】①養う、支える
manorathaḥ 願望、願い、欲求
mṛgaḥ 鹿
yathā tathā ～のように、のごとく
rakta 赤い
rahasi 密かに
√luṭ【luṭyati】④転げ回る

vṛthā 空しく、無益に
vṛddhatvam 老年
√vṛdh【vardhate】①増える、増す
√vep【vepate】①震える、おののく
śanaiḥ 徐々に、ゆっくり
śastram 武器、武道
√śikṣ【śikṣate】①学ぶ
śīta （過去分詞）冷えた、涼しい、寒い
śvaḥ 明日、翌日
śveta 白い
sakṛt 一度
sakhyam 友情、交友
sapadi 一度に、たちまち
samam ～と共に、に対する、との（+I.）
√sah【sahate】①耐える
sahasā 突然、思いがけずに
√sidh【sidhyati】④成就する、達成する、実を結ぶ、成功する
supta 眠っている
harita 緑色の
hāsyam あざけり、笑いぐさ
hi というのは、何故なら～だから
hyaḥ 昨日

復習トレーニング

次の hitopadeśa のサンスクリット文を日本語に直しなさい。

1. विद्या शस्त्रस्य शास्त्रस्य द्वे विद्ये प्रतिपत्तये ।

vidyā śastrasya śāstrasya dve vidye pratipattaye/ (dve＝two)

आद्या हास्याय वृद्धत्वे द्वितीयाद्रियते सदा ॥

ādyā hāsyāya vṛddhatve dvitīyā-ādriyate sadā // prastāvikā // (7)

---

2. यथा ह्येकेन चक्रेण न रथस्य गतिर्भवेत् ।

yathā hy ekena cakreṇa na rathasya gatir bhavet /

एवं पुरुषकारेण विना दैवं न सिध्यति॥
evaṃ puruṣakāreṇa vinā daivaṃ na sidhyati // prastāvikā // (32)

---

3. उद्यमेन हि सिध्यन्ति कार्याणि न मनोरथैः ।
udyamena hi sidhyanti kāryāṇi na manorathaiḥ /

न हि सुप्तस्य सिंहस्य प्रविशन्ति मुखे मृगाः ॥
na hi suptasya siṃhasya praviśanti mukhe mṛgāḥ // prastāvikā // (36)

---

4. दरिद्रान् भर कौन्तेय मा प्रयच्छेश्वरे धनम् ।
daridrān bhara kaunteya mā prayaccha-īśvare dhanam /

व्याधितस्यौषधं पथ्यं *नीरुजस्य किमौषधैः ॥
vyādhitasya-auṣadhaṃ pathyaṃ *nīrujasya kim auṣadhaiḥ // mitralābhaḥ // (15)

---

5. दुर्जनेन समं सख्यं प्रीतिं चापि न कारयेत्।
durjanena samaṃ sakhyaṃ prītiṃ ca-api na kārayet/

उष्णो दहति चाङ्गारः शीतः कृष्णायते करम् ॥
uṣṇo dahati ca-aṅgāraḥ śītaḥ kṛṣṇāyate karam // mitralābhaḥ // (81)

---

* nīrujaḥ の注釈 nirgatā rujā yasya asau nīrujaḥ 【健康な者】という意味
詩節番号は *The Hitopadesa of narayana,* by M.R.Kale による。
和訳

1. 学問には栄誉のために文武二つの学問がある。
   最初のこと（武術）は年老いたときに笑いぐさとして、
   第二のこと（文）は常に称賛に値する。 (7)
2. 実に片側の車輪だけで車が動かないように
   天運も同様に人の努力なしには実を結ばない。 (32)
3. 願望によってでなく努力によってこそ実を結ぶ。
   実に鹿は寝ている獅子の口には入らない。 (36)
4. アルジュナよ！貧しき者を養え、富者には財を施すなかれ
   病める者にとって薬は有益である、健康な者にとって薬は何の役に立つのか。 (15)
5. 悪人との交友や愛情関係を結ばすべきではない
   （何故なら）熱い炭は（手を）焦がし、冷えた（炭でさえも）手を黒くさせる。 (81)

復習トレーニング

1. 学問には栄誉のために文武二つの学問がある。

विद्या शस्त्रस्य शास्त्रस्य द्वे विद्ये प्रतिपत्तये ।

vidyā śastrasya śāstrasya dve vidye pratipattaye/

vidyā	(N.sg.) vidyā (f.) 学問（には）
śastrasya	(G.sg.) śastra (n.) 武術（の）
śāstrasya	(G.sg.) śāstra (n.) 聖典（の）
dve	(N.du.) dvi (num.2.f.) 二つの
vidye	(N.du.) vidyā (f.) 学問（がある）
pratipattaye	(D.sg.) pratipatti (f.) 栄誉（のために）

最初のこと（武術）は年老いたときに笑いぐさとして、
第二のこと（文）は常に称賛に値する。(7)

आद्या हास्याय वृद्धत्वे द्वितीयाद्रियते सदा ॥

ādyā hāsyāya vṛddhatve dvitīyā-ādriyate sadā // prastāvikā // (7)

ādyā	(N.sg.) ādya → ādyā (adj.f.) 最初のこと（は）
hāsyāya	(D.sg.) hāsya (n.) 笑いぐさ（として）
vṛddhatve	(L.sg.) vṛddhatva (n.) 年老いた（ときに）
dvitīyā	(N.sg.) dvitīya → dvitīyā (adj.f.) 第二のこと（は）（-ā- → -ā ā-）
ādriyate	(3.sg.pres.pass.) ā-√dṛ (6) 賞賛に値する
sadā	(ind.) sadā (adv.) つねに

2. 実に片側の車輪だけで車が動かないように

यथा ह्येकेन चक्रेण न रथस्य गतिर्भवेत् ।

yathā hy ekena cakreṇa na rathasya gatir bhavet /

yathā	(ind.) yathā ～のように
hy	(ind.) hi 実に (hy → hi)
ekena	(I.sg.) eka (num.n.) 一方の
cakreṇa	(I.sg.) cakra (n.) 車輪 (によって)
na	(ind.) na ～ない
rathasya	(G.sg.) ratha (m.) 車 (の)
gatir	(N.sg.) gati (f.) 走行 (は) (−ir → −iḥ)
bhavet	(3.sg.opt.P.) √bhū (1) ある

天運も同様に人の努力なしには実を結ばない。 (32)

एवं पुरुषकारेण विना दैवं न सिध्यति॥

evaṃ puruṣakāreṇa vinā daivaṃ na sidhyati // prastāvikā // (32)

evaṃ	(ind.) evam (adv.) 同様に
puruṣakāreṇa	(I.sg.) puruṣakāra (m.) 人の努力
vinā	(ind.) ～なしに (+I.)
daivaṃ	(N.sg.) daiva (n.) 天運 (は)
na	(ind.) na ない
sidhyati	(3.sg.pres.P.) √sidh (1) 成就する

3. 願望によってでなく努力によってこそ実を結ぶ。

उद्यमेन हि सिध्यन्ति कार्याणि न मनोरथैः ।

udyamena hi sidhyanti kāryāṇi na manorathaiḥ /

udyamena	(I.sg.) udyama (m.) 努力（によって）
hi	(ind.) hi のみ
sidhyanti	(3.pl.pres.P.) √sidh (1) 成就する
kāryāṇi	(N.pl.) kārya (n.) 仕事（が）
na	(ind.) na ～でない
manorathaiḥ	(I.pl.) manoratha (m.) 願望（によって）

実に鹿は寝ている獅子の口には入らない。 (36)

न हि सुप्तस्य सिंहस्य प्रविशन्ति मुखे मृगाः ॥

na hi suptasya siṃhasya praviśanti mukhe mṛgāḥ // prastāvikā // (36)

na	(ind.) na ない
hi	(ind.) hi 実に
suptasya	(G.sg.) supta (adj.m.) 眠った
siṃhasya	(G.sg.) siṃha (m.) ライオン（の）
praviśanti	(3.pl.pres.P.) pra-√viś (6) はいる
mukhe	(L.sg.) mukha (n.) 口（の中に）
mṛgāḥ	(N.pl.) mṛga (m.) 鹿（たちが）

4. アルジュナよ！貧しき者を養え、富者には財を施すなかれ

दरिद्रान् भर कौन्तेय मा प्रयच्छेश्वरे धनम् ।

daridrān bhara kaunteya mā prayaccha–īśvare dhanam /

daridrān	(Ac.pl.) daridra (m.) 貧しき者（たちを）
bhara	(2.sg.ipv.P.) √bhṛ (1) （あなたは）養え
kaunteya	(V.sg.) kaunteya (m.) アルジュナよ！
mā	(ind.) mā ～するな
prayaccha–	(2.sg.ipv.P.) pra–√dā (1) （あなたは）施せ（–e– → –a ī–）
īśvare	(L.sg.) īśvara (m.) 富者（に）
dhanam	(Ac.sg.) dhana (n.) 財産（を）

病める者にとって薬は有益である、健康な者にとって薬は何の役に立つのか。 (15)

व्याधितस्यौषधं पथ्यं *नीरुजस्य किमौषधैः ॥

vyādhitasya–auṣadhaṃ pathyaṃ *nīrujasya kim auṣadhaiḥ //

mitralābhaḥ // (15)

vyādhitasya–	(G.sg.) vyādhita (m.) 病人（の）（–ā– → –a a–）
auṣadhaṃ	(N.sg.) auṣadha (n.) 薬（は）
pathyaṃ	(N.sg.) pathya (adj.n.) ふさわしい
nīrujasya	(G.sg.) nīruja (m.) 健康な者（の）
kim	(N.sg.) kim (pron.n.) 何になるか？
auṣadhaiḥ	(I.pl.) auṣadha (n.) 薬（によって）

5. 悪人との交友や愛情関係を結ばすべきではない

दुर्जनेन समं सख्यं प्रीतिं चापि न कारयेत्।

durjanena samaṃ sakhyaṃ prītiṃ ca-api na kārayet/

durjanena	(I.sg.) **durjana** (m.) 悪人
samaṃ	(ind.) **saha** ～と共に
sakhyaṃ	(Ac.sg.) **sakhya** (n.) 友情（を）
prītiṃ	(Ac.sg.) **prīti** (f.) 愛情（を）
ca-	(ind.) **ca** ～と～
api	(ind.) **api** 決して～
na	(ind.) **na** ～ない
kārayet	(3.sg.opt.caus.P.) √**kṛ** (8) （彼は）作らせるべきである

（何故なら）熱い炭［悪人］は（手を）焦がし、冷えた（炭でさえも）手を黒くさす。 (81)

उष्णो दहति चाङ्गारः शीतः कृष्णायते करम् ॥

uṣṇo dahati ca-aṅgāraḥ śītaḥ kṛṣṇāyate karam // mitralābhaḥ // (81)

uṣṇo	(N.sg.) **uṣṇa** (adj.m.) 熱い (**-o** → **-aḥ**)
dahati	(3.sg.pres.P.) √**dah** (1) 焦がす
ca-	(ind.) **ca** ～そして
aṅgāraḥ	(N.sg.) **aṅgāra** (m.) 炭（は）
śītaḥ	(N.sg.) **śīta** (adj.m.) 冷えた
kṛṣṇāyate	(3.sg.pres.A.) √**kṛṣṇāya** (den.10) 黒くする
karam	(Ac.sg.) **kara** (m.) 手（を）

復 習 と 補 足

1、いくつかの言葉の注意

(1) iva は、［～の如く］【 A B iva balavān 】｛ A は B のごとく強い。｝
という形式で用いられる。しかし、動詞と一緒に使われる時は｛いわば ，，｝と
訳され、｛～のように思われる。～らしい｝の概念を、表現する。

例　vadati　彼は、話している

vadati-iva → vadatīva　彼は、話しているように見える。

(2) kim

疑問文において疑問代名詞として使用され、｛なに｝を意味する。

kiṃ vadati 何を、彼は話しているのか？

｛なぜ｝の意味にも使われる。 kiṃ śocasi 何故、あなたは、悲しんでいるのか？

kim と api は、単なる疑問辞として文頭に置かれる。

kiṃ tatra gacchati 彼はそこに行きますか？（何故、彼は、そこに行きますか？）

api jayati 彼は勝てますか。

kim は、普通否定の返答が予測される。 api は、肯定の返答が予測される。

(3) iti

元来この言葉は｛このように｝を意味する。しかし古典サンスクリットでは、
この言葉はもっぱらある種の引用を示すような先行する語と文を区別する特別
作用に用途が限られ、種々の名詞文の締めくくりに用いられる。

āgacchāma iti vadanti 「私達は、来ます」と、彼等は言う。

サンスクリットにおいては英語の間接話法のようなものは無い。

punar vadati-iti tiṣṭhanti それ以上彼が話しているのを彼等は（聞くのを）やめる。

基 礎 ト レ ー ニ ン グ　1

次の単語をサンディで結びなさい。

svairam tamasi īśvarasya aśvau durjanāḥ śastraiḥ cirāt muñcanti raśmibhyaḥ eva.

____

aśvau īśvarasya eva svairam śastraiḥ raśmibhyaḥ muñcanti cirāt durjanāḥ tamasi.

____

svairam eva īśvarasya muñcanti aśvau śastraiḥ durjanāḥ cirāt tamasi raśmibhyaḥ.

____

muñcanti eva tamasi aśvau śastraiḥ īśvarasya cirāt raśmibhyaḥ durjanāḥ svairam.

---

raśmibhyaḥ tamasi śastraiḥ muñcanti cirāt eva svairam īśvarasya aśvau durjanāḥ.

śastraiḥ tamasi raśmibhyaḥ svairam durjanāḥ īśvarasya cirāt aśvau muñcanti eva.

---

tamasi durjanāḥ raśmibhyaḥ cirāt īśvarasya aśvau svairam muñcanti śastraiḥ eva.

---

muñcanti durjanāḥ eva raśmibhyaḥ aśvau īśvarasya cirāt svairam śastraiḥ tamasi.

復習と補足（基礎トレーニング１）の解答

स्वैरं तमसीश्वरस्याश्वौ दुर्जनाः शस्त्रैश्चिरान्मुञ्चन्ति रश्मिभ्य एव ।
svairaṃ tamasīśvarasyāśvau durjanāḥ śastraiścirānmuñcanti raśmibhya eva /

अश्वावीश्वरस्यैव स्वैरं शस्त्रै रश्मिभ्यो मुञ्चन्ति चिराद्दुर्जनास्तमसि ।
aśvāvīśvarasyaiva svairaṃ śastrai raśmibhyo muñcanti cirāddurjanāstamasi /

स्वैरमेवेश्वरस्य मुञ्चन्त्यश्वौ शस्त्रैर्दुर्जनाश्चिरात्तमसि रश्मिभ्यः ।
svairameveśvarasya muñcantyaśvau śastrairdurjanāścirāttamasi raśmibhyaḥ /

मुञ्चन्त्येव तमस्यश्वौ शस्त्रैरीश्वरस्य चिराद्रश्मिभ्यो दुर्जनाः स्वैरम् ।
muñcantyeva tamasyaśvau śastrairīśvarasya cirādraśmibhyo durjanāḥ svairam /

रश्मिभ्यस्तमसि शस्त्रैर्मुञ्चन्ति चिरादेव स्वैरमीश्वरस्याश्वौ दुर्जनाः ।
raśmibhyastamasi śastrairmuñcanti cirādeva svairamīśvarasyāśvau durjanāḥ /

शस्त्रैस्तमसि रश्मिभ्यः स्वैरं दुर्जना ईश्वरस्य चिरादश्वौ मुञ्चन्त्येव ।
śastraistamasi raśmibhyaḥ svairaṃ durjanā īśvarasya cirādaśvau muñcantyeva /

तमसि दुर्जना रश्मिभ्यश्चिरादीश्वरस्याश्वौ स्वैरं मुञ्चन्ति शस्त्रैरेव ।
tamasi durjanā raśmibhyaścirādīśvarasyāśvau svairaṃ muñcanti śastraireva /

मुञ्चन्ति दुर्जना एव रश्मिभ्योऽश्वावीश्वरस्य चिरात्स्वैरं शस्त्रैस्तमसि ।
muñcanti durjanā eva raśmibhyo'śvāvīśvarasya cirātsvairaṃ śastraistamasi /

基礎トレーニング　2

次のサンスクリット語を音読しながら4回書きなさい。

पण्डित: paṇḍitaḥ 先生、賢者、学者

ब्राह्मण: brāhmaṇaḥ 婆羅門（祭官階級の人）

सूर्य: sūryaḥ 太陽

भोजनम् bhojanam 食べ物、食事

रमणीय ramaṇīya 心地よい

विस्मित vismita 驚き、驚いた

शीघ्र śīghra 速い

शोभन śobhana 輝く、明るい、素晴らしい、立派な、美しい

स्वल्प svalpa 小さい

इत: itaḥ ここから、この方向に

कथम् katham 如何に、どのように

पुनरपि punar api 再び、もう１度

क्व kva どこに

次の日本語をサンスクリット語に直し、声に出しながら書きなさい。

先生、賢者	心地よい
婆羅門	驚き
太陽	速い
輝く、明るい	美しい
小さい	食べ物
ここから	この方向に
どこに	如何に
再び、もう１度	心地よい

基礎トレーニング 3

次のサンスクリット語を音読しながら4回書きなさい。

अवसरः	avasaraḥ 機会
प्रयत्नः	prayatnaḥ 努力、活動
वयस्थः	vayasthaḥ 友達、同年代の人
विषादः	viṣādaḥ 落胆、絶望
संदेहः	saṃdehaḥ 疑い
कुतूहलम्	kutūhalam 好奇心
जीवितम्	jīvitam 人生、生命
नगरम्	nagaram 町
अद्भुत	adbhuta 希な、不思議な
जीवित	jīvita 生きている
दूर	dūra 遠く
परिश्रान्त	pariśrānta 疲れた、極度に疲れ切った
प्रथमम्	prathamam (adv.) 最初に、第一に
प्रिय	priya 愛する、いとしい
मदीय	madīya 私の

次の日本語をサンスクリット語に直し、声に出しながら書きなさい。

機会	遠く
努力	活動
友達	同年代の人
落胆	絶望
疑い	疲れた
好奇心	最初に
人生	生命
町	愛する
希な	不思議な
生きている	私の

2、主格（N.）と目的格（Ac.）は、それぞれ動詞の主語と目的語を表すために使われる。

ācāryaḥ śiṣyaṃ paśyati 先生は学生を見る。

ācāryaṃ śiṣyaḥ paśyati 先生を学生が見る。

サンスクリット語では、定冠詞と不定冠詞の区別は無いが、あえて必要な場合は指示代名詞 saḥ で表現される。

citram etat これは、絵です。

tad etac citram (tat etat citram) これは、その絵です。

目的格は、到着点を表す。

nagaraṃ gacchati 村に、彼は行く。

√nī は、２つの目的格を取る事がある。

nagaraṃ tvāṃ nayāmi 村にあなたを私は、連れていく。

動詞はそれ自体、人称と数の区別を備えているが、人称代名詞の主格が表現される時は強調の意味が含まれる。 praviśāmi 私は、入るでしょう。 aham api praviśāmi 私も、入るでしょう。

３、呼格は文頭に多く用いられる。

bāla kiṃ vadasi 少年よ！何を言っているのか。

vayasya tat kiṃ śocasi 友よ！その時、なぜあなたは悲しいのか？

４、サンスクリットでは、名詞が形容詞の役目をし、

形容詞は、修飾する名詞の格、数、性に一致する。

ramaṇīyāni vanāni śobhanaṃ jalaṃ ca paśyāmi 心地よい森と輝く水を私は見る。

名詞と同様に（疑問）代名詞も名詞的、形容詞的に使われる。

taṃ śiṣyam icchanti その学生を彼等は望む。

na taṃ paśyāmi 私は彼を見ない。

tad icchasi(tat icchasi) あなたはそれを望みますか？

ko nagaraṃ gacchati 誰が町へ行きますか？

kaḥ śiṣya evaṃ vadati どの学生がそのように言っていますか？

５、外連声の母音結合の起こらない場合

名詞、動詞の両数語尾。

te phale icchāmaḥ 私達はこれら二つの果物を欲する。

男性単数主格の指示代名詞 tat は sa と saḥ の二つの形を取る。

文の終わりに来る時のみ ḥ を保持する。

a の前では so となり、その他のすべての音の前では、 sa となる。

sa gajaḥ / sa śiṣyaḥ / sa ācāryaḥ

so 'śvaḥ(saḥ aśvaḥ) aśvaḥ saḥ

６、名詞文（ nominal sentences ）

主語と述語名詞との後先は自由であり、広義の名詞二個からなる。

śīghrau aśvau

句としては「二頭の速い馬」であるが、文章として「二頭の馬は、速い」と訳される

ramaṇīyo bālaḥ 子供は楽しむ。

性、数の一致は必要ない。

svalpaṃ sukhaṃ krodhaḥ 怒りは小さな喜びである。

主語が代名詞で述語が名詞相当語句の場合、一般に代名詞は述語の性、数に一致する。

sūryaḥ saḥ それは太陽である。

述語が副詞的語句である場合

述語は副詞または L. 格のような名詞相当語句で構成される。

evaṃ sarvadā sukhāni 喜びは常にこのようだ。

kva devadattaḥ デーヴァダッタはどこにいるのか？

udyāne devadattaḥ デーヴァダッタは庭にいます。

7、 語順（ word order ）

サンスクリット語の語順は文章のリズム、強調に関して重要である。

修飾語（形容詞、 G. 格）は修飾される語の前に置かれる。

主語は一般に文頭にたち、動詞的述語は文末に置かれる。

強調される語は、その種類にかかわらず文の冒頭に置かれる。

paśyati tvām ācāryaḥ 先生はあなたを見る。

普通の文で特に主語が代名詞の場合、二つ以上の動詞的述語の中間に代名詞が挿入される

pralapaty eṣa vaidheyaḥ この愚か者はむだぐちをきく。

citram etat これは絵です。

tad etac citram (tat etat citram) これはその絵です。

vinaya(ḥ) eṣa(ḥ) candraguptasya これはチャンドラグプタの規律です。

dvitīyam idam āśvāsajananam これは第二の生まれ変りである。

balavad(balavat) atrabhavatī paritrastā その少女は非常に恐れられている。

8、強調構文の場合

文頭に置かれる

dvayam api priyaṃ naḥ 両方とも私達は好む。

sauhārdam evaṃ paśyati 友情こそがそのように見るのだ。

rāmas tāvat (rāma tāvat) あたかもラーマのように

rāmo 'pi (rāmaḥ api) ラーマもまた

9、 iva

ācārya(ḥ) iva śiṣyo māṃ pṛcchati 賢者のように学生は私に尋ねる。

ācāryam iva māṃ śiṣyaḥ pṛcchati あたかも私が賢者のように学生は尋ねる。

同等比較の場合｛・・・と同じように｝

aham iva śūnyam araṇyam 私のように森はむなしい。

形容詞が、 iva の前に置かれる場合｛あたかも、いわば｝

vismita iva paśyati (vismitaḥ iva paśyati) 驚いたように見つめる。

名詞文の述語と一緒に iva が使われる場合 ｛・・・のようである｝

vismita(ḥ) iva paṇḍitaḥ 賢者は驚いているようだ。

jalam iva sukham 幸福は水のようである。

paṇḍita(ḥ) iva sa śiṣyaḥ あの学生は賢者のように見える。

１０、 eva

直前の語を強める。

svalpāny eva-icchāmaḥ 小さいのを、私たちは求める。

etān eva guṇān icchāmaḥ 実にこれらの徳を私たちは求める。

devena-eva-etad iṣṭam 神こそがこれを求めた。

adbhuta(ḥ) eva 全く意外なことだ

bāla(ḥ) eva-eṣaḥ 彼は、本当に子供だ。

sa(ḥ) eva janaḥ あれこそは人だ

tad eva kṣetram その同じ大地 （指示代名詞と eva で同一を表す。）

eṣa(ḥ) eva sa(ḥ) brāhmaṇaḥ ここにその婆羅門がいる。 eva は名詞文の述語を示す。

１１、 eṣaḥ

eṣaḥ は、指示代名詞 saḥ の複合語である。強い指示力を持ち、身近なものを示す。

eṣa(ḥ) sa(ḥ) brāhmaṇaḥ ここにその婆羅門がいる。

eṣa(ḥ) rāmo bālān ānayati 子供たちを連れて来るラーマがここにいる。

eṣa(ḥ) udyānaṃ praviśāmi この私が庭に入ります。

（１、２人称の動詞と結合する時、強い指示を示す。）

１２、 vā

ca に対して［～または～］と訳される接続詞である。

ācāryeṇa vā śiṣyaiḥ vā gaja(ḥ) eṣa(ḥ) ānītaḥ 先生か生徒がここに象を連れてきた。

１３、 kṛtam, alam, kim は I. 格とともに不必要、禁止を表す。

alaṃ śokena 悲しむのをやめよ

kṛtaṃ kutūhalena 知りたがるな

kim udyānena ramaṇīyena 心地よい庭は何になるか？

１４、副詞

形容詞の Ac. sg. n は、副詞として用いられる。

I. 格でも副詞化する。

śīghraṃ calati　彼は速く動く。

viṣādena 落胆して　vacanaiḥ 口頭で

ポイント

新しい単語

adbhuta 希な、不思議な

avasaraḥ 機会

itaḥ ここから、この方向に

katham 如何に、どのように

kutūhalam 好奇心

kva どこに

jīvita 生きている

jīvitam 人生、生命

dūra 遠く

nagaram 町

paṇḍitaḥ 先生、賢者、学者

prathamam (adv.) 最初に

pariśrānta 極度に疲れ切った

punar api 再び、もう１度

prayatnaḥ 努力、活動

priya 愛する

brāhmaṇaḥ 婆羅門

bhojanam 食べ物、食事

madīya 私の

ramaṇīya 心地よい

vayasthaḥ 友達、同年代の人

viṣādaḥ 落胆、絶望

vismita 驚き、驚いた

śīghra 速い

śobhana 輝く、明るい、美しい、立派な

saṃdehaḥ 疑い

sūryaḥ 太陽

svalpa 小さい

トレーニング１

次のサンスクリット語を日本語に直しなさい。

१	गच्छामि	gacchāmi
२	अत्र न प्रविशामः	atra na praviśāmaḥ
३	अधुना क्व वसथ	adhunā kva vasatha
४	एवमिच्छसि	evam icchasi
५	क्व पुनस्तिष्ठन्ति	kva punas tiṣṭhanti
६	पुनरपि लिखति	punar api likhati
७	कथमित आगच्छति	katham ita āgacchati
८	अत्र किमानयतः	atra kim ānayataḥ
९	पश्यामि लिखामि च	paśyāmi likhāmi ca
१०	भ्रमतीव	bhramati-iva
११	नृत्यथो गायथश्च	nṛtyatho gāyathaś ca
१२	स्मरन्ति च शोचन्ति च	smaranti ca śocanti ca
१३	अत्र प्रविशाव इति वदतः	atra praviśāva iti vadataḥ
१४	अधुनापि कथं नागच्छति	adhunā-api kathaṃ na-āgacchati
१५	जयामीति माद्यामि	jayāmi-iti mādyāmi
१६	न जीवन्तीति शोचामः	na jīvanti-iti śocāmaḥ

トレーニング 2

次のサンスクリット語を日本語に直しなさい。

१ आचार्यं शिष्या आनयन्ति

ācāryaṃ śiṣyā ānayanti

२ अप्यश्वानिच्छसि

apy aśvān icchasi

३ सुखं को नेच्छति

sukhaṃ ko na-icchati

४ स्वल्पं भोजनम्

svalpaṃ bhojanam

५ जलमश्वान्नरो नयति

jalam aśvān naro nayati

६ कस्त्वमिति मां पृच्छतः

kas tvam iti māṃ pṛcchataḥ

७ कं पर्वतं पण्डितो गच्छति

kaṃ parvataṃ paṇḍito gacchati

८ अत्र क्रोधो न वसतीति वनं प्रविशतः

atra krodho na vasati-iti vanaṃ praviśataḥ

९ शीघ्रं वचनं नावगच्छामः

śīghraṃ vacanaṃ na-avagacchāmaḥ

१० आचार्य पर्वत इव स गजः

ācārya parvata iva sa gajaḥ

११ कं पुनः पृच्छामि

kaṃ punaḥ pṛcchāmi

१२ किं शिष्या यूयम्

kiṃ śiṣyā yūyam

१३ रमणीयमधुना तत्फलमिति विस्मिता वदन्ति

ramaṇīyam adhunā tat phalam iti vismitā vadanti

१४ कथमत्रापि बालाः

katham atra-api bālāḥ

१५ दुःखान्यपि फलमानयन्ति

duḥkhāny api phalam ānayanti

१६ बाला अत्र किं सुखं पश्यथेति शिष्यानाचार्यो वदति

bālā atra kiṃ sukhaṃ paśyatha iti śiṣyān ācāryo vadati

トレーニング 3

次のサンスクリット語を日本語に直しなさい。

१ शीघ्रमश्वं पश्यतः

śīghram aśvaṃ paśyataḥ

२ पण्डिताः किमिच्छथ

paṇḍitāḥ kim icchatha

३ अपि त्वं गच्छसि

api tvaṃ gacchasi

४ कावाचार्यौ पश्यसि

kāv ācāryau paśyasi

५ सूर्य इवाद्य चन्द्रः शोभनः

sūrya iva-adya candraḥ śobhanaḥ

६ अपि रमणीयः सः

api ramaṇīyaḥ saḥ

७ आचार्य, को ब्राण इत आगच्छति

ācārya, ko brāhmaṇa ita āgacchati

८ अत्र किं फलम्

atra kiṃ phalam

९ बालाः, क्व स आचार्यः

bālāḥ, kva sa ācāryaḥ

१० किं रमणीयान्यपि वचनानि न स्मरथ

kiṃ ramaṇīyāny api vacanāni na smaratha

११ स्वल्पं फलं पश्यामः

svalpaṃ phalaṃ paśyāmaḥ

१२ अपि विस्मिता आचार्याः

api vismitā ācāryāḥ

१३ सुखं स नेच्छतीति किं वदथ

sukhaṃ sa na-icchati-iti kiṃ vadatha

१४ क्षेत्रं गजं नयन्ति

kṣetraṃ gajaṃ nayanti

१५ क्व पुनर्भोजनमिति मां न वदसि

kva punar bhojanam iti māṃ na vadasi

१६ विस्मितं जनं ब्राह्मण इव स नरो वदति

vismitaṃ janaṃ brāhmaṇa iva sa naro vadati

応用トレーニング 1

次の日本語をサンスクリット語に直しなさい。

1. 私は行きます。

2. 私たちはここに入らない。（ここに、入らないようにしましょう。）

3. 今どこにあなた達は、住んでいますか？

4. そのようにあなたは、望みますか？

5. しかし、どこに彼等は立っていますか？

6. また再び、彼は書きます。

7. なぜここに彼が、来るのですか？

8. 彼ら二人が、ここに何を持って来るのですか？

9. 私は見て、書きます。

10. 彼は、迷っているようだ。

11. あなた達二人は、踊って、歌う。

12. 彼等は思い出して、悲しむ。

13. 「ここに私達二人は来ています。」と彼ら二人は云ます。

14. 今までどうして彼は来ないのですか？

15. 私が勝っている事を私は喜ぶ。

16. 彼等が生きていない事を私達は悲しむ。

応用トレーニング 2

次の日本語を sandhi 規則に注意してサンスクリット語に直しなさい。

1. 生徒たちが先生を連れて来ます。

2. 馬 (pl.) をあなたは、望みますね？

3. 誰が幸福を望まないのか（幸福を望まない者はいない）。

4. 食物は僅かです。

5. 水飲み場に馬 (pl.) を男は、連れていきます。

6. 「あなたは、誰だ？」と、彼等二人は私に尋ねます。

7. どの山に先生は、行くのですか？

8. ここには怒りが宿っていないので森に彼等二人は入って行く。

9. 速い言葉を私たちは、理解できません。

10. 先生！山のようです、その象は。

11. しかし、誰に私は尋ねましょうか？

12. あなたたちは、学生ですか？

13. 「その果物は今すばらしい」と、彼らは驚いて言う。

14. なぜ！子供達が、ここにも居るのか？

15. たとえ苦しみ (pl.) でも報われるものを持って来ます。

16. 「子供達よ！ここでどのような楽しみをあなたたちは見いだすのですか？」と、
学生たちに先生は言います。

応用トレーニング 3

次の日本語を sandhi 規則に注意してサンスクリット語に直しなさい。

1. 彼等二人はすばやい馬を見ます。

2. 賢者達よ！あなた達は、なにを望むのですか？

3. あなたも行くのですよね？

4. どちらの先生（du.）にあなたは、会いますか？

5. 今日、月は太陽のごとく輝いています。

6. 彼は、喜んでいるのですね？

7. 先生！どの婆羅門がこちらに来られるのですか？

8. これに関して、どのような結果になるのですか？

9. 子供達！あの先生は、どこにいるのですか？

10. 楽しい言葉（pl.）さえもあなた達は、思い出せないのですか？

11. 私達は、少しの果実を見る。

12. 先生たちは、驚いていますね？

13. 彼が幸せを望まないと、なぜあなた達は言うのですか？

14. 彼らは、野原に象を連れて行きます。

15. しかし、何処に食物があるのか、あなたは私に語ってくれない。

16. 驚いた者に対してその男は、あたかも婆羅門のごとく語りかける。

トレーニング 1

1. 私は行きます。

गच्छामि gacchāmi

gacchāmi	(1.sg.pres.P.) √gam (1) （私は）行く

2. 私たちはここに入らない。（ここに、入らないようにしましょう。）

अत्र न प्रविशामः atra na praviśāmaḥ

atra	(ind.) atra ここに
na	(ind.) na ～ない
praviśāmaḥ	(1.pl.pres.P.) pra-√viś (6) （私たちは）はいる

3. 今どこにあなた達は、住んでいますか？

अधुना क्व वसथ adhunā kva vasatha

adhunā	(ind.) adhunā (adv.) 今
kva	(ind.) kva どこに
vasatha	(2.pl.pres.P.) √vas (1) （あなたたちは）住んでいる

4. そのようにあなたは、望みますか？

एवमिच्छसि evam icchasi

evam	(ind.) evam (adv.) そのように
icchasi	(2.sg.pres.P.) √iṣ (6) （あなたたちは）望む

5. しかし、どこに彼等は立っていますか？

क्व पुनस्तिष्ठन्ति kva punas tiṣṭhanti

kva	(ind.) kva どこに
punas	(ind.) punar しかし (-as → -ar)
tiṣṭhanti	(3.pl.pres.P.) √sthā (1) （彼らは）立っている

6. また再び、彼は書きます。

पुनरपि लिखति punar api likhati

punar	(ind.) punar 再び
api	(ind.) api また
likhati	(3.sg.pres.P.) √likh (6) （彼は）書く

7. なぜここに彼が、来るのですか？

कथमित आगच्छति katham ita āgacchati

katham	(ind.) katham なぜ
ita	(ind.) itaḥ ここに（–a– → –aḥ–）
āgacchati	(3.sg.pres.P.) ā–√gam (1) （彼が）来るのか？

彼ら二人が、ここに何を持って来るのですか？

अत्र किमानयतः atra kim ānayataḥ

atra	(ind.) atra ここに
kim	(Ac.sg.) kim (pron.n.) 何（を）
ānayataḥ	(3.du.pres.P.) ā–√nī (1) （彼ら二人は）持って来るのか？

9. 私は見て、書きます。

पश्यामि लिखामि च paśyāmi likhāmi ca

paśyāmi	(1.sg.pres.P.) √dṛś (1) （私は）見る
likhāmi	(1.sg.pres.P.) √likh (6) （私は）書く
ca	(ind.) ca ～そして

10. 彼は、迷っているようだ。

भ्रमतीव bhramati–iva

bhramati	(3.sg.pres.P.) √bhram (1) （彼は）迷う
iva	(ind.) iva ～ようだ

11. あなた達二人は、踊って、歌う。

नृत्यथो गायथश्च nṛtyatho gāyathaś ca

nṛtyatho	(2.du.pres.P.) √nṛt (4)	（あなたたち二人は）踊る（-o → -aḥ）
gāyathaś	(2.du.pres.P.) √gai (1)	（あなたたち二人は）歌う（-aś → -aḥ）
ca	(ind.) ca	～そして

12. 彼等は思い出して、悲しむ。

स्मरन्ति च शोचन्ति च

smaranti ca śocanti ca

smaranti	(3.pl.pres.P.) √smṛ (1)	（彼らは）思い出す
ca	(ind.) ca	～そして
śocanti	(3.pl.pres.P.) √śuc (1)	（彼らは）悲しむ
ca	(ind.) ca	～そして

13. 「ここに私達二人は来ています。」と彼ら二人は云ます。

अत्र प्रविशाव इति वदतः

atra praviśāva iti vadataḥ

atra	(ind.) atra	ここに
praviśāva	(1.du.pres.P.) pra-√viś (6)	（私たち二人は）来る（-as → -aḥ）
iti	(ind.) iti	～と
vadataḥ	(3.du.pres.P.) √vad (1)	（彼ら二人は）言う

14. 今までどうして彼は来ないのですか？

अधुनापि कथं नागच्छति

adhunā-api kathaṃ na-āgacchati

adhunā-	(ind.) adhunā	今（-ā- → -ā a-）
api	(ind.) api	～まで
kathaṃ	(ind.) katham	どうして
na-	(ind.) na	～ない（-ā- → -a ā-）
āgacchati	(3.sg.pres.P.) ā-√gam (1)	（彼は）来るのか？

15. 私が勝っている事を私は喜ぶ。

जयामीति माद्यामि jayāmi-iti mādyāmi

jayāmi-	(1.sg.pres.P.) √ji (1) （私が）勝つ（-ī- → -i i-）
iti	(ind.) iti ～ということを
mādyāmi	(1.sg.pres.P.) √mad (4) （私は）喜ぶ

16. 彼等が生きていない事を私達は悲しむ。

न जीवन्तीति शोचामः na jīvanti-iti śocāmaḥ

na	(ind.) na ～ない
jīvanti-	(3.pl.pres.P.) √jīv (1) （彼らが）生きている
iti	(ind.) iti ～ということを
śocāmaḥ	(1.pl.pres.P.) √śuc （私たちは）悲しむ

トレーニング 2

1. 生徒たちが先生を連れて来ます。

आचार्यं शिष्या आनयन्ति ācāryaṃ śiṣyā ānayanti

ācāryaṃ	(Ac.sg.) ācārya (m.) 先生（を）
śiṣyā	(N.pl.) śiṣya (m.) 生徒（たちが）（-ā → -āḥ）
ānayanti	(3.pl.pres.P.) ā-√nī (1) 連れてくる

2. 馬をあなたは、望みますね？

अप्यश्वानिच्छसि apy aśvān icchasi

apy-	(ind.) api ～ね（-y → -i）
aśvān	(Ac.pl.) aśva (m.) 馬を
icchasi	(2.sg.pres.P.) √iṣ (6) （あなたは）ほしい

3. 誰が幸福を望まないのか（幸福を望まない者はいない）。

सुखं को नेच्छति sukhaṃ ko na-icchati

sukhaṃ	(Ac.sg.) sukha (n.) 幸福（を）
ko	(N.sg.) kim (pron.m.) だれ（が） (-o → -aḥ)
na-	(ind.) na ～ない (-e- → -a i-)
icchati	(3.sg.pres.P.) √iṣ (6) 望む

4. 食物は僅かです。

स्वल्पं भोजनम् svalpaṃ bhojanam

svalpaṃ	(N.sg.) svalpa (adj.n.) わずか（である）
bhojanam	(N.sg.) bhojana (n.) 食べ物（は）

5. 水飲み場に馬を男は、連れていきます。

जलमश्वान्नरो नयति

jalam aśvān naro nayati

jalam	(Ac.sg.) jala (n.) 水飲み場（に）
aśvān	(Ac.pl.) aśva (m.) 馬（たちを）
naro	(N.sg.) nara (m.) 男（は） (-o → -aḥ)
nayati	(3.sg.pres.P.) √nī (1) 連れてくる

6. 「あなたは、誰だ？」と、彼等二人は私に尋ねます。

कस्त्वमिति मां पृच्छतः

kas tvam iti māṃ pṛcchataḥ

kas	(N.sg.) kim (pron.m.) だれ（であるか）？ (-as → -aḥ)
tvam	(N.sg.) yuṣmad (pron.2.) あなた（は）
iti	(ind.) ～と
māṃ	(Ac.sg.) asmad (pron.1.) 私（に）
pṛcchataḥ	(3.du.pres.P.) √pracch (6) （彼ら二人は）尋ねる

7. どの山に先生は、行くのですか？

कं पर्वतं पण्डितो गच्छति

kaṃ parvataṃ paṇḍito gacchati

kaṃ	(Ac.sg.) kim (pron.m.) どの
parvataṃ	(Ac.sg.) parvata (m.) 山（に）
paṇḍito	(N.sg.) paṇḍita (m.) 先生（は） (–o → –aḥ)
gacchati	(3.sg.pres.P.) √gam (1) 行くのか？

8. ここには怒りが宿っていないので森に彼等二人は入って行く。

अत्र क्रोधो न वसतीति वनं प्रविशतः

atra krodho na vasati–iti vanaṃ praviśataḥ

atra	(ind.) atra ここには
krodho	(N.sg.) krodha (m.) 怒り（が） (–o → –aḥ)
na	(ind.) na ～ない
vasati–	(3.sg.pres.P.) √vas (1) 住む (–ī– → –i i–)
iti	(ind.) iti ～といって
vanaṃ	(Ac.sg.) vana (n.) 森（に）
praviśataḥ	(3.du.pres.P.) pra–√viś (6) （彼ら二人は）入って行く

9. 速い言葉を私たちは、理解できません。

शीघ्रं वचनं नावगच्छामः

śīghraṃ vacanaṃ na–avagacchāmaḥ

śīghraṃ	(Ac.sg.) śīghra (adj.n.) 速い
vacanaṃ	(Ac.sg.) vacana (n.) 言葉（を）
na–	(ind.) na ～ない (–ā– → –a a–)
avagacchāmaḥ	(1.pl.pres.P.) ava–√gam (1) （私たちは）理解する

10. 先生！山のようです、その象は。

आचार्य पर्वत इव स गजः

ācārya parvata iva sa gajaḥ

ācārya	(V.sg.) ācārya (m.) 先生！
parvata	(N.sg.) parvata (m.) 山（-a → -aḥ）
iva	(ind.) iva ～のようだ
sa	(N.sg.) tad (pron.m.) その（-sa → -saḥ）
gajaḥ	(N.sg.) gaja (m.) 象（は）

11. しかし、誰に私は尋ねましょうか？

कं पुनः पृच्छामि kaṃ punaḥ pṛcchāmi

kaṃ	(Ac.sg.) kim (pron.m.) だれ（に）
punaḥ	(ind.) punar 再び（-aḥ → -ar）
pṛcchāmi	(1.sg.pres.P.) √pracch (6) （私は）尋ねましょうか

12. あなたたちは、学生ですか？

किं शिष्या यूयम् kiṃ śiṣyā yūyam

kiṃ	(ind.) kim ～か？ ［疑問辞］
śiṣyā	(N.pl.) śiṣya (m.) 生徒たち（-ā → -āḥ）
yūyam	(N.pl.) yuṣmad (pron.2.) あなた（たちは）

13. 「その果物は今すばらしい」と、彼らは驚いて言う。

रमणीयमधुना तत्फलमिति विस्मिता वदन्ति

ramaṇīyam adhunā tat phalam iti vismitā vadanti

ramaṇīyam	(N.sg.) **ramaṇīya** (adj.n.) すばらしい
adhunā	(ind.) **adhunā** (adv.) 今
tat	(N.sg.) **tad** (pron.n.) その
phalam	(N.sg.) **phala** (n.) 果物（は）
iti	(ind.) **iti** 〜と
vismitā	(N.pl.) **vismita** (m.) 驚きをもった者（たちは）（–ā → –āḥ）
vadanti	(3.pl.pres.P.) √**vad** (1) 言う

14. なぜ！子供達が、ここにも居るのか？

कथमत्रापि बालाः

katham atra–api bālāḥ

katham	(ind.) **katham** なぜ
atra–	(ind.) **atra** ここに（–ā– → –a a–）
api	(ind.) **api** 〜も
bālāḥ	(N.pl.) **bāla** (m.) 子供（達が）（いる）

15. たとえ苦しみでも報われるものを持って来ます。

दुःखान्यपि फलमानयन्ति

duḥkhāny api phalam ānayanti

duḥkhāny	(N.pl.) **duḥkha** (n.) 苦しみ（–āny → –āni）
api	(ind.) **api** 〜も
phalam	(Ac.sg.) **phala** (n.) 報われるもの（を）
ānayanti	(3.pl.pres.P.) **ā–**√**ni** (1) 持ってくる

16. 「子供達よ！ここでどのような楽しみをあなたたちは見いだすのですか？」と、学生たちに先生は言います。

बाला अत्र किं सुखं पश्यथेति शिष्यानाचार्यो वदति

bālā atra kiṃ sukhaṃ paśyatha iti śiṣyān ācāryo vadati

bālā	(V.pl.) **bāla** (m.) 子供（達よ！）（–ā → –āḥ）
atra	(ind.) **atra** (adv.) ここで
kiṃ	(Ac.sg.) **kim** (pron.n.) どのような
sukhaṃ	(Ac.sg.) **sukha** (n.) 楽しみ（を）
paśyatha–	(2.pl.pres.P.) √**dṛś** (1) （あなたたちは）見つけるのか？
iti	(ind.) **iti** 〜と
śiṣyān	(Ac.pl.) **śiṣya** (m.) 学生（たちに）
ācāryo	(N.sg.) **ācārya** (m.) 先生（は）（–o → –aḥ）
vadati	(3.sg.pres.P.) √**vad** (1) 言います

ト レ ー ニ ン グ　3

1. 彼等二人はすばやい馬を見ます。

शीघ्रमश्वं पश्यतः **śīghram aśvaṃ paśyataḥ**

śīghram	(Ac.sg.) **śīghra** (adj.m.) すばやい
aśvaṃ	(Ac.sg.) **aśva** (m.) 馬（を）
paśyataḥ	(3.du.pres.P.) √**dṛś** (1) （彼ら二人は）見る

2. 賢者達よ！あなた達は、なにを望むのですか？

पण्डिताः किमिच्छथ paṇḍitāḥ kim icchatha

paṇḍitāḥ	(V.pl.) **paṇḍita** (m.) 賢者（達よ！）
kim	(Ac.sg.) **kim** (pron.n.) 何（を）
icchatha	(2.pl.pres.P.) √**iṣ** (6) （あなたたちは）望むのか

3. あなたも行くのですよね！

अपि त्वं गच्छसि

api tvaṃ gacchasi

api	(ind.) **api** ～も ［肯定の返答を求める疑問辞］
tvaṃ	(N.sg.) **yuṣmad** (pron.) あなた（は）
gacchasi	(2.sg.pres.) √**gam** (1.P.) 行く

4. どちらの先生にあなたは、会いますか？

कावाचार्यौ पश्यसि kāv ācāryau paśyasi

kāv-	(Ac.du.) **kim** (pron.m.) 二人のどちら（の）（-āv → -au）
ācāryau	(Ac.du.) **ācārya** (m.) 先生（を）［に］
paśyasi	(2.sg.pres.P.) √**dṛś** (1) （あなたは）見ますか［会いますか］

5. 今日、月は太陽のごとく輝いています。

सूर्य इवाद्य चन्द्रः शोभनः

sūrya iva-adya candraḥ śobhanaḥ

sūrya	(N.sg.) **sūrya** (m.) 太陽（-a → -aḥ）
iva-	(ind.) **iva** ～のように（-ā- → -a a-）
adya	(ind.) **adya** (adv.) 今日
candraḥ	(N.sg.) **candra** (m.) 月（は）
śobhanaḥ	(N.sg.) **śobhana** (adj.m.) 輝やく。

6. 彼は、喜んでいるのですね？

अपि रमणीयः सः

api ramaṇīyaḥ saḥ

api	(ind.) **api** 〜ですね［疑問辞として］
ramaṇīyaḥ	(N.sg.) **ramaṇīya** (adj.m.) 喜んでいる
saḥ	(N.sg.) **tad** (pron.m.) 彼（は）

7. 先生！どの婆羅門がこちらに来られるのですか？

आचार्य, को ब्राण इत आगच्छति

ācārya, ko brāhmaṇa ita āgacchati

ācārya	(V.sg.) **ācārya** (m.) 先生！
ko	(N.sg.) **kim** (pron.m.) どちらの〜（**–o** → **–aḥ**）
brāhmaṇa	(N.sg.) **brāhmaṇa** (m.) 婆羅門（が）（**–a** → **–aḥ**）
ita	(ind.) **ita** こちらに（**–a** → **–aḥ**）
āgacchati	(3.sg.pres.P.) **ā–√gam** (1) 来ますか

8. これに関して、どのような結果になるのですか？

अत्र किं फलम्

atra kiṃ phalam

atra	(ind.) **atra** (adv.) これに関して
kiṃ	(N.sg.) **kim** (pron.n.) どのような〜
phalam	(N.sg.) **phala** (n.) 結果（があるのか）

9. 子供達！あの先生は、どこにいるのですか？

बालाः, क्व स आचार्यः

bālāḥ, kva sa ācāryaḥ

bālāḥ	(V.pl.) **bāla** (m.) 子供（達！）
kva	(ind.) **kva** どこに（いるのですか）
sa	(N.sg.) **tad** (pron.m.) あの（**–sa** → **–saḥ**）
ācāryaḥ	(N.sg.) **ācārya** (m.) 先生（は）

10. 楽しい言葉さえもあなた達は、思い出せないのですか？

किं रमणीयान्यपि वचनानि न स्मरथ

kiṃ ramaṇīyāny api vacanāni na smaratha

kiṃ	(ind.) kim ～か？
ramaṇīyāny-	(Ac.pl.) ramaṇīya (adj.n.) 楽しい (-āny → -āni)
api	(ind.) api ～さえも
vacanāni	(Ac.pl.) vacana (n.) 言葉
na	(ind.) na ～ない
smaratha	(2.pl.pres.P.) √smṛ (1) （あなたたちは）思い出す

11. 私達は、少しの果実を見る。

स्वल्पं फलं पश्यामः

svalpaṃ phalaṃ paśyāmaḥ

svalpaṃ	(Ac.sg.) svalpa (adj.n.) 少し（の）
phalaṃ	(Ac.sg.) phala (n.) 果実（を）
paśyāmaḥ	(1.pl.pres.P.) √dṛś (1) （私達は）見る

12. 先生たちは、驚いていますね？

अपि विस्मिता आचार्याः

api vismitā ācāryāḥ

api	(ind.) api ～ね
vismitā	(N.pl.) vismita (adj.m.) 驚いていますね (-ā → -āḥ)
ācāryāḥ	(N.pl.) ācārya (m.) 先生（たちは）

13. 彼が幸せを望まないと、なぜあなた達は言うのですか？

सुखं स नेच्छतीति किं वदथ

sukhaṃ sa na-icchati-iti kiṃ vadatha

sukhaṃ	(Ac.sg.) sukha (n.) 幸せ（を）
sa	(N.sg.) tad (pron.m.) 彼（が） (-a → -aḥ)
na-	(ind.) na ～ない (-e- → -a i-)

icchati-	(3.sg.pres.P.) √iṣ (6) 望む（-ī- → -i i-）
iti	(ind.) iti ～と
kiṃ	(ind.) kim なぜ
vadatha	(2.pl.pres.P.) √vad (1) （あなたたちは）言うのですか

14. 彼らは、野原に象を連れて行きます。

क्षेत्रं गजं नयन्ति kṣetraṃ gajaṃ nayanti

kṣetraṃ	(Ac.sg.) kṣetra (n.) 野原（に）
gajaṃ	(Ac.sg.) gaja (m.) 象（を）
nayanti	(3.pl.pres.P.) √nī (1) （彼らは）連れて行きます

15. しかし、何処に食物があるのか、あなたは私に語ってくれない。

क्व पुनर्भोजनमिति मां न वदसि

kva punar bhojanam iti māṃ na vadasi

kva	(ind.) kva どこに
punar	(ind.) punar しかし
bhojanam	(N.sg.) bhojana (n.) 食物（がある）
iti	(ind.) iti ～と
māṃ	(Ac.sg.) asmad (pron.1.) 私（に）
na	(ind.) na ない
vadasi	(2.sg.pres.P.) √vad (1) （あなたは）語る

16. 驚いた者に対してその男は、あたかも婆羅門のごとく語りかける。

विस्मितं जनं ब्राह्मण इव स नरो वदति

vismitaṃ janaṃ brāhmaṇa iva sa naro vadati

vismitaṃ	(Ac.sg.) vismita (adj.m.) 驚いた
janaṃ	(Ac.sg.) jana (m.) 人（に）
brāhmaṇa	(N.sg.) brāhmaṇa (m.) 婆羅門（-a → -aḥ）
iva	(ind.) あたかも～のごとく
sa	(N.sg.) tad (pron.m.) その（-sa → -saḥ）
naro	(N.sg.) nara (m.) 男（は）（-o → -aḥ）
vadati	(3.sg.pres.P.) √vad (1) 語りかける

語末子音 ＋ 語頭子音（母音） のサンディ表

（単語の語末）絶対語末の子音										
–k	–ṭ	–t	–p	–ṅ	–n	–m	–ḥ /–r	–āḥ	–aḥ	単語の語頭
k→	ṭ→	t→	p→	ṅ→	n→	ṃ	ḥ	āḥ	aḥ	k / kh
g→	ḍ→	d→	b→	ṅ→	n→	ṃ	r→	ā	o	g / gh
k→	ṭ→	c→	p→	ṅ→	ṃś→	ṃ	ś→	āś→	aś→	c / ch
g→	ḍ→	j→	b→	ṅ→	ñ→	ṃ	r→	ā	o	j / jh
k→	ṭ→	ṭ→	p→	ṅ→	ṃṣ→	ṃ	ṣ→	āṣ→	aṣ→	ṭ / ṭh
g→	ḍ→	ḍ→	b→	ṅ→	ṇ→	ṃ	r→	ā	o	ḍ / ḍh
k→	ṭ→	t→	p→	ṅ→	ṃs→	ṃ	s→	ās→	as→	t / th
g→	ḍ→	d→	b→	ṅ→	n→	ṃ	r→	ā	o	d / dh
k→	ṭ→	t→	p→	ṅ→	n→	ṃ	ḥ	āḥ	aḥ	p / ph
g→	ḍ→	d→	b→	ṅ→	n→	ṃ	r→	ā	o	b / bh
ṅ→	ṇ→	n→	m→	ṅ→	n→	ṃ	r→	ā	o	鼻音（n / m）
g→	ḍ→	d→	b→	ṅ→	n→	ṃ	r→	ā	o	y / v
g→	ḍ→	d→	b→	ṅ→	n→	ṃ	– –[1]	ā	o	r
g→	ḍ→	l→	b→	ṅ→	l̐ /ṃl/ṃ→[2]	ṃ	r→	ā	o	l
k→	ṭ→	c→ch	p→	ṅ→	ñ→ś/ch	ṃ	ḥ	āḥ	aḥ	ś
k→	ṭ→	t→	p→	ṅ→	n→	ṃ	ḥ	āḥ	aḥ	ṣ / s
g→gh	ḍ→ḍh	d→dh	b→bh	ṅ→	n→	ṃ	r→	ā	o	h[5]
g→	ḍ→	d→	b→	ṅ/ṅṅ→[3]	n/nn→[3]	m→	r→	ā	o ’	a
g→	ḍ→	d→	b→	ṅ/ṅṅ→[3]	n/nn→[3]	m→	r→	ā	a[4]	a 以外の母音
–k	–ṭ	–t	–p	–ṅ	–n	–m	–ḥ	–āḥ	–aḥ	文末

–ḥ /–r は –āḥ /–aḥ 以外の –ḥ /–r　　　例 –i,īḥ –u,ūḥ –e,aiḥ –o,auḥ

1. [1] –ḥ または –r は、脱落する。 i /u が –ḥ , –r に先行するならば ī /ū と延長される。
   raviḥ rūḍhaḥ = ravī rūḍhah / punar rakṣati = punā rakṣati
2. [2] 例 tān + labhasva = tāl̐labhasva or tāṃllabhasva, tāṃlabhasva
3. [3] 語末の ṅ, ṇ, n が短母音に先立たれ、次の単語が母音で始まるとき、鼻音は重複されて
   –ṅṅ, –ṇṇ, –nn となる。 gāyan āgacchati = gāyannāgacchati
4. [4] –aḥ + a– = o ’ 、 –aḥ + a– 以外の母音 candraḥ iva = candra iva
5. [5] –k, –ṭ, –t, –p + h– = –g→gh–; –ḍ→ḍh–; –d→dh–; –b→bh–
   samyak hutaḥ = samyagghutaḥ, dviṭ hasati = dviḍḍhasati, etat hi = etaddhi
   kakub ha = kakubbha　→ 記号は、接続可能を意味する。

注意すべきサンディ規則

例

āgacchannṛpasya = āgacchan (3.pl.past.) nṛpasya ○

āgacchannṛpasya = āgacchat (3.sg.past.) nṛpasya ○

upāviśannarayaḥ = upāviśan narayaḥ ×

upāviśannarayaḥ = upāviśann arayaḥ = upāviśan (3.pl.) arayaḥ ○

sevanta iti = sevante (3.pl.) iti ○

sevanta iti = sevantaḥ iti ×

sevanta iti = sevanto iti ×

reṇvā aliḥ = reṇvai (D.sg.) aliḥ ○

reṇvā aliḥ = reṇvāḥ (Ab.sg.) aliḥ ○

reṇvā aliḥ = reṇvāḥ (G.sg.) aliḥ ○

vanasya cchāyāyām ← vanasya chāyāyām ○

一般に ch は、母音の後に来ることは許されないので、母音の後では cch となる。

cicchūdrayoḥ = cit śūdrayoḥ ○

gajāñchūdrāḥ = gajān śūdrāḥ ○

語末母音 ＋ 語頭母音 のサンディ表

単語の語末								
−a −ā	−i −ī	−u −ū	−ṛ	−e	−ai	−o	−au	単語の語頭
ā	y→a	v→a	r→a	e ’	ā a	o ’	āv→a	a−
ā	y→ā	v→ā	r→ā	a ā	ā ā	a ā	āv→ā	ā−
e	ī	v→i	r→i	a i	ā i	a i	āv→i	i−
e	ī	v→ī	r→ī	a ī	ā ī	a ī	āv→ī	ī−
o	y→u	ū	r→u	a u	ā u	a u	āv→u	u−
o	y→ū	ū	r→ū	a ū	ā ū	a ū	āv→ū	ū−
a→r	y→ṛ	v→ṛ	ṝ	a ṛ	ā ṛ	a ṛ	āv→ṛ	ṛ−
ai	y→e	v→e	r→e	a e	ā e	a e	āv→e	e−
ai	y→ai	v→ai	r→ai	a ai	ā ai	a ai	āv→ai	ai−
au	y→o	v→o	r→o	a o	ā o	a o	āv→o	o−
au	y→au	v→au	r→au	a au	ā au	a au	āv→au	au−

ひらおかしょうしゅう
平岡昇修

1949年	奈良市東大寺に生まれる。
1971年	大谷大学文学部仏教学科卒業。
	インド政府給費留学生として、
1975年	マドラス大学インド哲学科修士課程修了。
著　書	≪サンスクリット・トレーニング　Ⅰ≫
	≪サンスクリット・トレーニング　Ⅱ≫
	≪サンスクリット・トレーニング　Ⅲ≫
	≪新・サンスクリット・トレーニング　Ⅳ≫
	発音・暗記編ＣＤ３枚付き
	≪サンスクリット虎の巻≫
	≪初心者のためのサンスクリット辞典≫
	≪初心者のためのサンスクリット文法　Ⅰ≫ＣＤ付き
	≪初心者のためのサンスクリット文法　Ⅱ≫
	（世界聖典刊行協会）
	≪改訂新版　初心者のためのサンスクリット辞典≫
	≪耳から覚えるサンスクリット≫ＣＤ３枚付き
	≪新　初心者のためのサンスクリット文法　Ⅰ≫
	（山喜房佛書林）
	共著書
	≪日本の美術　10≫　第281号。
	≪仏教行事散策≫
	≪仏教の事典≫

しっかり基礎から学ぶサンスクリット―書き込み式―下巻

2019年12月20日　第1刷発行　　　定価（本体1,500円＋税）

著　者　　平　岡　昇　修
発行者　　吉　山　利　博
発行所　　株式会社 山　喜　房　佛　書　林

〒113-0033　東京都文京区本郷5丁目28-5
電話 03(3811)5361

乱丁本はお取替いたします

ISBN978-4-7963-0326-2　C1087